Microsoft Project 2019

Einführung | Grundlagen | Praxis

Autor: KLAUS OBERBÖRSCH

1. Auflage,
1.Q. 2019

Erhältlich auf allen Amazon Plattformen
Amazon ISBN-13: 978-1790640270

oder direkt beim Autor
bestellung@oberboersch.com
www.oberboersch.com

Klaus Oberbörsch
Danziger Str. 22
38550 Isenbüttel

Größere Stückzahlen mit Preisstaffel auf Anfrage

Der Inhalt basiert auf der aktuellem Microsoft Project Version 2019
und beinhaltet auch Funktionen, die nur unter Project Online verfügbar sind.

1　Inhalt

Notizen, Anmerkungen:

2 EINLEITUNG

Das Hauptaugenmerk in einem Projekt ist stets das Projektziel. Um dieses Ziel zu erreichen, sind zahlreiche einzelne Informationen zu planen, zu steuern und zu überwachen.

Verändern sich die verschiedenen Planungsinformationen so hat das i. d. R. Auswirkungen auf alle anderen Planungselemente (Magisches Dreieck im Projektmanagement). Die Verlängerung der Dauer einer Aufgabe bewirkt, dass sich die Kosten erhöhen und auch die nachfolgenden Aufgaben erst später beginnen können.

Mit einem professionellen Planungstool wie Microsoft Project (seit 1984) ist es möglich, die Fülle der Einzelinformationen übersichtlich darzustellen und bei Veränderungen sofort die Auswirkungen zu erkennen und allen Beteiligten darzustellen.

Über die verschiedenen Versionen von Microsoft Project hat sich ein Planungstool entwickelt, mit dem auch das gesamte Portfoliomanagement eines Unternehmens geplant werden kann.

Das Tool unterstützt auch die Planung nach den gängigen Projektmanagementstandards wie PMI, Prince 2 oder IPMA/GPM. Am Beispiel von PMI können die 5 Prozessgruppen unterstützt werden.

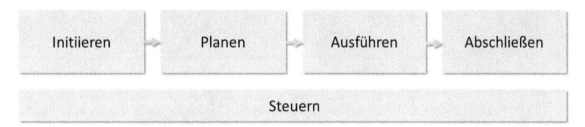

Im Kapitel 2.2 sind die Möglichkeiten zur Unterstützung der Planungsaktivitäten aufgeführt.

In der aktuellen Version (Microsoft Project 2019 - nur bestimmte Produkte!) besteht jetzt auch die Möglichkeit der agilen Projektplanung und Kanban abzubilden – das wird in den jeweiligen Kapiteln detailliert beschrieben.

NOTIZEN, ANMERKUNGEN:

2.1   NEUE FUNKTIONEN IN MICROSOFT PROJECT 2019

Die Unterlage beschreibt die aktuelle Microsoft Project 2019 Version, je nach Produkt,

- Project Online Professional
- Project Online Essentials
- Project Online Premium
- Im Abo Office 365 (nur bestimmte Lizenzen)

gibt es unterschiedliche zur Verfügung stehende Funktionen. Auf Abweichungen wird immer hingewiesen. Eine Aufstellung der verschiedenen Versionen lokal/cloudbasiert ist detailliert im Kapitel 14.1 beschrieben.

Grundsätzliche Neuigkeiten die für **alle** Versionen zur Verfügung stehen und im Detail noch beschrieben werden:

2.1.1   VORGANGSVERKNÜPFUNGEN

- **Vorgangsverknüpfungen** (Vorgänger- und Nachfolgerbeziehungen) können jetzt auch über die Vorgangsnamen erfolgen. Man braucht sich nicht mehr die ID bzw. Zeilennr. des Vorgangs zu merken.

Diese Möglichkeit besteht sowohl bei der Verknüpfung mit Vorgängern oder Nachfolgern. In der jeweiligen Spalte (Vorgänger/Nachfolger) kann ein dropdown Menü geöffnet werden, wo die Vorgangsnamen aufgelistet sind.

NOTIZEN, ANMERKUNGEN:

2.1.2 FERTIGSTELLUNGSGRAD IN DER ZEITACHSE

- Der **Fertigstellungsgrad** wird jetzt auch in der Zeitachse durch unterschiedliche Einfärbungen angezeigt. Ist der Vorgang zu 100 % erledigt so steht ein „Haken" vor dem Vorgangsnamen. Fertigstellungsgrade unter 100 % werden durch eine andersfarbige Balkeneinfärbung dargestellt.

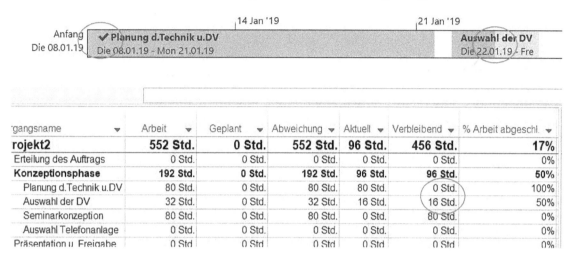

gangsname	Arbeit	Geplant	Abweichung	Aktuell	Verbleibend	% Arbeit abgeschl.
rojekt2	**552 Std.**	**0 Std.**	**552 Std.**	**96 Std.**	**456 Std.**	**17%**
Erteilung des Auftrags	0 Std.	0 Std.	0 Std.	0 Std.	0 Std.	0%
Konzeptionsphase	**192 Std.**	**0 Std.**	**192 Std.**	**96 Std.**	**96 Std.**	**50%**
Planung d.Technik u.DV	80 Std.	0 Std.	80 Std.	80 Std.	0 Std.	100%
Auswahl der DV	32 Std.	0 Std.	32 Std.	16 Std.	16 Std.	50%
Seminarkonzeption	80 Std.	0 Std.	80 Std.	0 Std.	80 Std.	0%
Auswahl Telefonanlage	0 Std.	0 Std.	0 Std.	0 Std.	0 Std.	0%
Präsentation u. Freigabe	0 Std.	0 Std.	0 Std.	0 Std.	0 Std.	0%

2.1.3 BEZEICHNUNG DER ZEITACHSE

- Auch in der Darstellung innerhalb der Zeitachse gibt es eine neue Funktion. Die einzelnen Zeitachsen können jetzt unabhängig/abweichend von dem eigentlichen Sammelvorgangsnamen beschriftet werden.

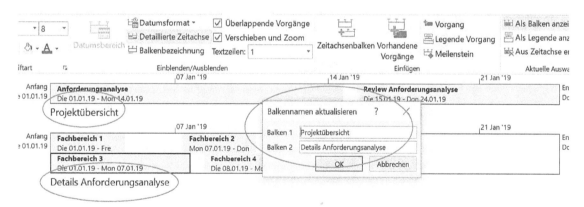

Notizen, Anmerkungen:

2.1.4   SAMMELVORGANGSNAME IN SPALTE ANZEIGEN LASSEN

- Auch neu hinzugekommen ist die Möglichkeit, den Namen des Sammelvorgangs durch einfügen der entsprechenden Spalte (Sammelvorgangsname) anzeigen zu lassen. Gerade bei großen Plänen ist das sehr hilfreich, wenn sich der Sammelvorgang außerhalb der Ansicht befindet.

Vorgangsname	Dauer	Anfang	Ende	Sammelvorgangsname
Planung d.Technik u.DV	2 Wochen	Die 08.01.19	Mon 21.01.19	Konzeptionsphase
Auswahl der DV	4 Tage	Die 22.01.19	Fre 25.01.19	Konzeptionsphase
Seminarkonzeption	2 Wochen	Mon 28.01.19	Fre 08.02.19	Konzeptionsphase
Auswahl Telefonanlage	7 Tage	Die 22.01.19	Mit 30.01.19	Konzeptionsphase
Präsentation u. Freigabe	0 Tage	Fre 08.02.19	Fre 08.02.19	
◢ Realisierungsphase	**24 Tage**	**Mon 11.02.19**	**Don 14.03.19**	
Telefonanlage installieren	8 Tage	Mon 11.02.19	Mit 20.02.19	Realisierungsphase
Einweisung i.d. Telefonanlage	3 Tage	Don 21.02.19	Mon 25.02.19	Realisierungsphase
DV-Technik u. Software installieren	14 Tage	Mon 11.02.19	Don 28.02.19	Realisierungsphase
Schulung Standardsoftware	2 Wochen	Fre 01.03.19	Don 14.03.19	Realisierungsphase
Einweisung Buchungssoftware	1 Woche	Fre 01.03.19	Don 07.03.19	Realisierungsphase
Vorbereitung d. Einweihung	5 Tage	Fre 15.03.19	Don 21.03.19	
Feierliche Eröffnung	0 Tage	Don 21.03.19	Don 21.03.19	

2.1.5   RESSOURCENNNAMEN IN DER TABELLENSPALTE AUSWÄHLEN

- Die in der Ressourcentabelle eingepflegten Ressourcen können in der Tabellenansicht jetzt einfacher ausgewählt werden. Wie bisher, erfolgt aber über diese Zuweisung immer nur eine Planung mit 100 % Einsatz.

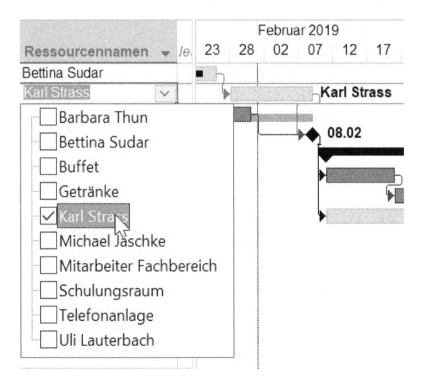

NOTIZEN, ANMERKUNGEN:

2.2   UNTERSTÜTZUNG DER EINZELNEN PLANUNGSAKTIVITÄTEN

Die einzelnen Aktivitäten des Projektmanagements werden von Microsoft Project über alle Planungsschritte unterstützt.

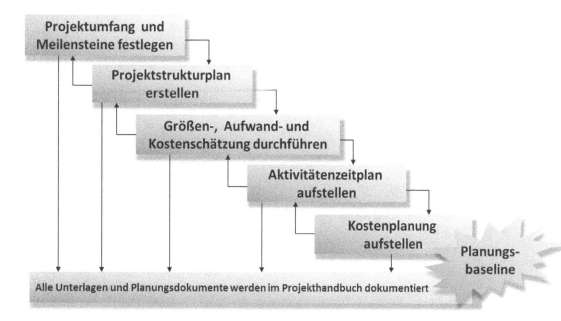

- Eine grobe Meilensteinplanung oder auch die Planung mit „manuellen" Sammelvorgängen (s. Kapitel 5.7.4) definiert das gesamte Projekt und die Laufzeit

- Mittels der Gliederungsfunktion lassen sich Arbeitspakete strukturieren und werden so in der Ansicht dargestellt (s. Kapitel 5.7.2)

- Pro Arbeitspaket wird die Dauer und Arbeit durch die Zuordnung der Ressourcen (Arbeit, Material, Kosten) bestimmt (s. Kapitel 7)

- Durch die Abbildung der Vorgangsbeziehungen mittels Vorgänger und Nachfolger entsteht der Aktivitätenzeitplan (s. Kapitel 5.3)

- Auf Grundlage der zugewiesenen Ressourcen (Arbeit, Material, Kosten) wird ein detaillierter Kostenplan aufgestellt (s. Kapitel 8)

- Die Funktion „**Basisplan speichern**" erlaubt einen permanenten Soll/Ist-Vergleich mit der Planungsbaseline, erweiterbar mit grafischen Hinweisen wie Ampelfunktionen (s. Kapitel 10)

NOTIZEN, ANMERKUNGEN:

3 ÜBERBLICK PROGRAMMSTRUKTUR UND AUFBAU

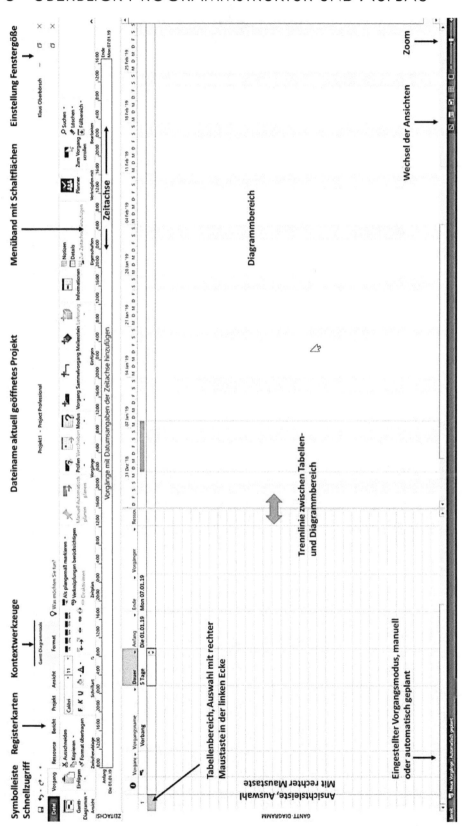

NOTIZEN, ANMERKUNGEN:

Mit der linken Maustaste kann die Trennlinie (Ansichtsbereich) zwischen Tabelle und Diagrammbereich beliebig angepasst werden. Die Befehlsgruppen der einzelnen Registerkarten werden nachfolgend beschrieben.

Über die Symbolleiste Schnellzugriff können auf wichtige und oft benutzte Funktionen direkt zugegriffen werden. Über **„Schnellzugriff anpassen"** lassen sich fast alle Funktionen integrieren.

Viele Funktionen lassen sich auch über Tastaturbefehle schnell aufrufen. Die wichtigsten sind in Kapitel 14.2 beschrieben.

Notizen, Anmerkungen:

3.1 Darstellung der Multifunktionsleisten und Registerkarten

Je nach Bildschirmauflösung wird die Multifunktionsleiste etwas komprimiert dargestellt und zu den Symbolen fehlen dann die „Erläuterungen".

Um die Lesbarkeit zu erhöhen, habe ich verschiedenen Symbolleisten in zwei Bildern dargestellt.

3.1.1 Registerkarte Datei

Hier finden sich im Wesentlichen alle zentralen Befehle wie Speichern, Speichern unter..., Drucken und Optionen. Über diese Ansicht erfolgt der direkte Export in andere Programme, wie z. B. Excel und PDF.

Im „Menüpunkt Freigabe" findet man den direkten Versand der aktuellen Microsoft Project Datei per Mail oder Freigabe unter den „Sharepoint-Services".

Die wichtigsten Einstellungen im Menüpunkt „**Optionen**" werden später beschrieben.

NOTIZEN, ANMERKUNGEN:

3.1.2 REGISTERKARTE VORGANG

Zur besseren Darstellung ist die Leiste in 2 Teilen dargestellt.

Teil 1:

1. Ansicht (Wechsel der Ansichten zwischen Gantt-Diagramm, Netzplan, Ressourcenansichten u. a.)
2. Einfügen aus Zwischenablage
3. Schriftarten und Textformatierungen
4. Zeitplan, Fertigstellungsgrad, Vorgänge deaktivieren
5. Vorgangsmodus (Wechsel manuell und automatisch geplant), Prüfen (Vorgangsinspektor, Auswirkungen von Planänderungen anzeigen)

Teil 2:

6. Einfügeoptionen: Einfügen von Vorgängen, Sammelvorgängen, Meilensteinen
7. Eigenschaften/Vorgangsinformationen
8. Aufgabe mit „Planner-Plan" verknüpfen (Das Projekt und die Aufgabe müssen dafür veröffentlicht sein!)
9. Bearbeiten: Bildlauf, Suchen, Löschen, Füllbereich

NOTIZEN, ANMERKUNGEN:

3.1.3 REGISTERKARTE RESSOURCE

Hier sind alle Funktionen zur Ressourcenzuweisung und Ressourcensteuerung enthalten. Im Einzelnen:

1. Teamplaner, grafische Ressourcenzuweisung
2. Zuweisungen, Ressourcen zuweisen, Ressourcenpool
3. Einfügen, Ressourcen hinzufügen
4. Eigenschaften, Ressourceneigenschaften, Details und Notizen
5. Abgleich, Optionen, Ressource abgleichen, Alle abgleichen

3.1.4 Registerkarte Bericht

Seit dieser Version ist eine komfortable Berichtsfunktion, die direkt Berichte innerhalb von Microsoft Project generiert, vorhanden. Zur Wahl stehen div. Auswertungen über Ressourcen, Kosten, Bearbeitungsstatus u. v. m. Alle Berichte können individuell angepasst werden. Weiterhin steht die Funktion „**Grafische Berichte**" zur Verfügung, mit dieser Exportfunktion werden Berichte in Excel oder Visio erzeugt. Für die Project Online Version und bestimmte 365 Lizenzen sind auch Auswertungen über die agile Vorgangsplanung verfügbar.

1. Projekte vergleichen, verschiedenen Projektversionen vergleichen
2. Berichte anzeigen, Auswahl der verschiedenen in Microsoft Project integrierten Berichtstypen incl. Agil
3. Grafische Berichte, Export nach Excel oder Visio mit vorgegeben Berichtstypen

NOTIZEN, ANMERKUNGEN:

3.1.5   REGISTERKARTE PROJEKT

Über diese Registrierkarte werden die grundsätzlichen Projektinformationen ein-gestellt. Im Einzelnen:

1. Unterprojekt einfügen, Multiprojektmanagement
2. Eigenschaften, Projektinformationen, benutzerdefinierte Felder, Verknüp-fungen zwischen Projekten, PSP-Code, Arbeitszeit ändern, Auswahl zwi-schen Agil oder Kanban, Angebote aus dem Microsoftstore und Add-Ins
3. Zeitplan, Projekt berechnen, Basisplan festlegen, Projekt verschieben
4. Status, Projekt aktualisieren
5. Rechtschreibung, Dokumentenprüfung

3.1.6   REGISTERKARTE ANSICHT

Von hier können alle möglichen Ansichten ausgewählt werden, wie Netzplan, Ka-lender und Teamplaner. Über diese Registrierkarte wird die Zeitachse gesteuert sowie die Filter- und Gruppierfunktionen eingeschaltet. Im Einzelnen:

1. Vorgangsansichten, Auswahl der div. Ansichten, Gantt-Diagramm, Ar-beitsauslastung u. a.
2. Ressourcenansichten, Teamplaner, Ressourceneinsatz
3. Daten, Sortieren, Filtern, Gruppieren
4. Zoom
5. Elemente anzeigen, Zeitachse einschalten, Details auswählen
6. Fenster
7. Makros, Makros aufzeichnen, abspielen

Notizen, Anmerkungen:

3.1.7   REGISTERKARTE FORMAT

TEIL 1:

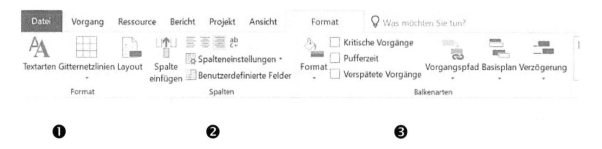

Hier stehen alle Möglichkeiten zur Verfügung, den Text und die Balken zu formatieren, wie auch das Ein- und Ausblenden der kritischen Vorgänge, Pufferzeit, Gliederungsnummer und Projektsammelvorgang.

1. Format: Formatierungen für Textarten, Gitternetzlinien, Layout
2. Spalten: Spalten einfügen, benutzerdefinierte Felder
3. Balkenarten: Formatierung Balkenarten, markieren von kritischen Vorgängen, Pufferzeit anzeigen, Basisplan, Verzögerungen markieren

Teil 2:

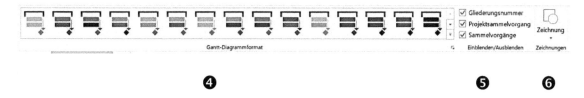

4. Gant-Diagrammformat: Auswahl vorgegebener Farbschemen
5. Einblenden/Ausblenden: Gliederungsnummer, Projektsammelvorgang und Sammelvorgänge anzeigen
6. Zeichnungen: einfaches Zeichentool

NOTIZEN, ANMERKUNGEN:

4 ANLEGEN EINES NEUEN PROJEKTES

Der Start eines neuen Projektes erfolgt über die Auswahl „**Datei/Neu**". Hier werden Projektvorlagen für die Neuanlage eines Projektes angezeigt, auch der Import aus einer Excel-Arbeitsmappe, einer Sharepoint-Aufgabenliste oder eines Projektstrukturplans aus dem Mindmanager.

Die Möglichkeiten Scrum und Kanban stehen nur Project Online Usern bzw. bestimmten Lizenzen unter Office 365 zur Verfügung.

Alternativ kann man auch Online nach evtl. verfügbaren Projektvorlagen suchen, wobei auch Ergebnisse für andere Office Anwendungen mit angezeigt werden.

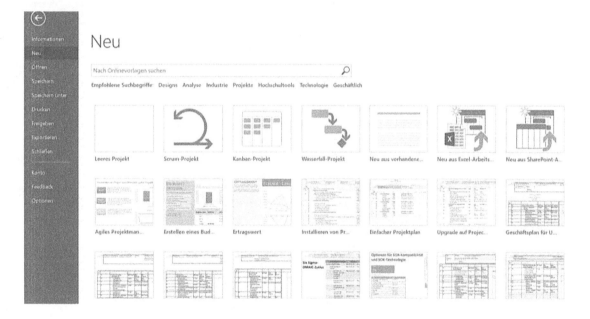

Über die Auswahl „**Datei Öffnen**" werden gespeicherte Projektpläne angezeigt, die dann zur Bearbeitung geöffnet werden können.

NOTIZEN, ANMERKUNGEN:

Es wird ein neues Projektes angelegt. Grundsätzliche Informationen zum Projekt werden unter Projekt/Projektinformationen eingetragen.

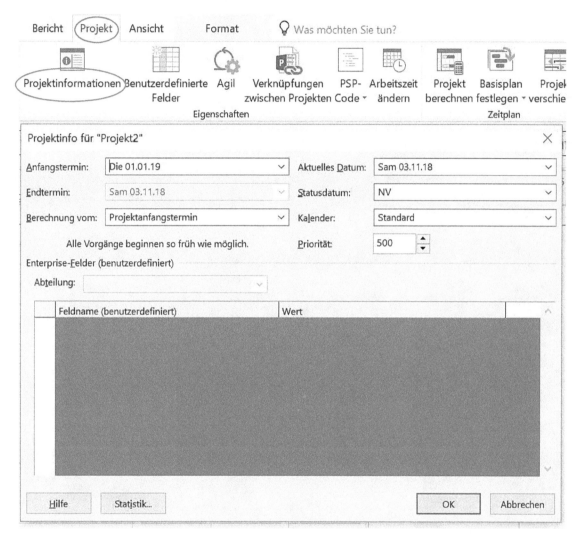

In dieser Projektinfo wird auch der Anfangstermin des Projektes eingetragen. Der Start des ersten Vorgangs muss **nicht** der Anfangstermin sein! Sind bereits Vorgänge eingetragen, so wird er Endtermin berechnet. Das Feld **„Endtermin"** dient aber eigentlich für den nächsten Eintrag, **„Berechnung vom:"**.

Im Auswahlfeld **„Berechnung vom:"** wird festgelegt, in welcher Form das Projekt berechnet werden soll. Zur Auswahl stehen **„Projektanfangstermin"** oder **„Projektendtermin"**. Diese beiden Varianten werden auch als Vorwärts- bzw. Rückwärtsrechnung bezeichnet.

NOTIZEN, ANMERKUNGEN:

Der Unterschied ist, dass bei der Vorwärtsrechnung durch das gesetzte Anfangsdatum, alle Vorgänge so früh wie möglich beginnen. Wird dagegen mit der Rückwärtsrechnung gearbeitet, beginnen alle Vorgänge so spät wie möglich.

Die Vorwärtsrechnung wird angewendet, wenn der Starttermin des Projektes feststeht und Sie mit Hilfe von Microsoft Project das Projektende berechnen wollen. Die Rückwärtsberechnung wird bei Projekten angewendet, die an einem bestimmten Datum beendet sein müssen (z. B. Euro-Umstellung).

Im Feld „**Aktuelles Datum**" wird das Systemdatum angezeigt. Stimmt dies nicht mit dem tatsächlichen Datum überein oder wird für eine Simulation ein zukünftiges Datum benötigt, kann es hier geändert werden.

Ein „**Statusdatum**" legen Sie erst später fest. Das Statusdatum wird dann ausgewählt, um an Stelle des aktuellen Datums zum ausgewählten Datum Berichte über Zeit, Kosten oder Leistung eines Projektes festzulegen. Solange kein Statusdatum festgelegt ist, steht im Feld **NV** (**N**icht **V**erfügbar).

Im Feld „**Kalender**" wählen Sie den Basiskalender für das Projekt aus. Ein Basiskalender enthält projekttypische Arbeitszeiten und arbeitsfreie Zeiten für das Projekt. Die Einstellungen des Basiskalenders sollten noch vor Beginn der Planungen geprüft und bei Bedarf geändert werden.

Im Feld „**Prioritäten**" können Sie angeben, welche Priorität dieses Projekt hat. Eine solche Angabe ist bei Verwendung der Mehrprojekttechnik von Bedeutung, wenn zum Beispiel Teilprojekte in Abhängigkeit der Wichtigkeit (Priorität) verschoben werden müssen, um überlastete Ressourcen zu entlasten.

Zusätzlich wird die „**Planungsart**" angezeigt, „Alle Vorgänge fangen so früh wie möglich an", was der Standardeinstellung entspricht.

Das Feld „**Enterprise-Felder**" (benutzerdefiniert) ist nur für eine Lösung über den Microsoft Project Server relevant.

Im Projektverlauf liefert der Button „**Statistik**" kumulierte Informationen über das gesamte Projekt.

Notizen, Anmerkungen:

5 VORGANGSPLANUNG

Nach Anlage des Projektes geht es zu Beginn der Planung vor allem um das Erfassen und Verwalten der Projektaktivitäten. Projektaktivitäten werden in Microsoft Project als Vorgänge, auch Arbeitspakete bezeichnet. Die zeitliche Zuordnung der Vorgänge untereinander wird als Vorgangsverknüpfung bzw. als Anordnungsbeziehung bezeichnet.

Die Vorgangsdauer bzw. Dauer ist die reine Zeitdauer, die zum Abschließen eines Vorganges erforderlich ist. Wie viel Arbeit tatsächlich in dieser Zeit geleistet wird, ist abhängig von den Ressourcen und anderen Einstellungen.

Die Dauer kann in Minuten, Stunden, Tagen, Wochen oder Monaten eingegeben werden. Die festgelegte Dauer wird zum Berechnen des Anfangs- und Endtermins des Vorgangs verwendet. Die Berechnung der eigentlich zu leistenden Arbeit erfolgt erst durch das Zuordnen von Ressourcen!

Folgende Einheiten stehen zur Eingabe der Dauer zur Verfügung:

Einheit	Bedeutung	Beispiel
min	Minuten	90 min
std	Stunden	36 std
t	Tage	2 t
w	Wochen	2 w
m	Monate	1 m

Wenn Sie eine andere Einheit als Tag verwenden, müssen Sie nach Eingabe der Zahl die gewünschte Einheit mit angeben.

In Microsoft Project gibt es noch eine weitere Art der Dauer: die **fortlaufende Dauer**. Fortlaufende Dauer bezeichnet die Zeit, die zur Erledigung eines Vorgangs benötigt wird, basierend auf einen 24-Stunden-Tag und einer 7-Tage Woche, einschließlich Feiertage und arbeitsfreie Tage. Fortlaufende Dauern werden durch das Voranstellen eines „f" bei der Eingabe definiert, also **fmin, fstd, ft, fw, fm**. Fortlaufende Dauern können bei Produktionsprozessen, z. B. Maschinen die Tag und Nacht durchlaufen, für die Planung eingesetzt werden.

NOTIZEN, ANMERKUNGEN:

5.1   MANUELLE PLANUNG/AUTOMATISCHE PLANUNG

Seit der Version Microsoft Project 2010 wurde eine wichtige Änderung in Bezug auf die Projektplanung eingeführt. Durch Änderungen an Faktoren, wie den Anordnungsbeziehungen und dem Projektkalender, werden die Vorgangsdaten nicht mehr automatisch angepasst, wenn ein Vorgang **manuell** geplant wird. D. h. die Planung kann manuell erfolgen, wie z. B. eine einfache Termindarstellung in Excel ohne automatische Routinen und Planungshinweise von Project im Hintergrund.

Diese Einstellung kann pro Vorgang erfolgen oder für das ganze Projekt. Rechte Maustaste auf die jeweilige Zeilennummer zeigt in einem Popup den Planungsmodus für den ausgewählten Vorgang an.

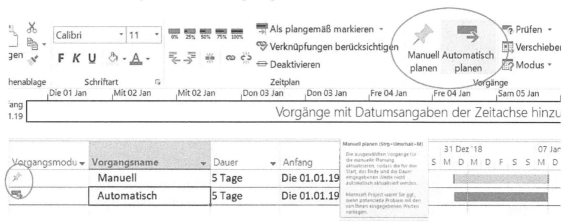

Als Hinweis auf eine **manuelle** Planung wird in der Spalte Vorgangsmodus eine Pinnadel angezeigt und der Vorgangsbalken hat eine andere Formatierung als automatisch geplante Vorgänge. **Automatisch** geplante Vorgänge sind in der Spalte Vorgangsmodus mit einem Vorgangsbalken und Pfeil gekennzeichnet.

Eine Umstellung ist auch über die Symbolleiste möglich, dort kann die Planungsart für den ausgewählten Vorgang umgestellt werden.

NOTIZEN, ANMERKUNGEN:

Die für das gesamte Projekt eingestellte/gewählte Planungsart wird in der Statuszeile (unten links) angezeigt

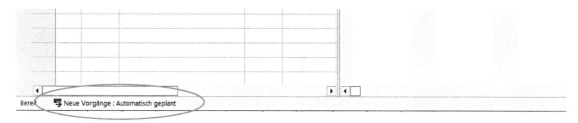

und kann im Dashboard unter „**Datei/Optionen/Terminplanung**" umgestellt werden, für das aktuelle Projekt oder alle **neuen** Projekte.

Project-Optionen

Allgemein	**Kalenderoptionen für dieses Projekt:** 🗐 Projekt2 ▾
Anzeige	
	Wochenanfang am: Montag ▾
Terminplanung	Anfang des Geschäftsjahrs im: Januar ▾
Dokumentprüfung	☐ Anfangsjahr zur Nummerierung des Geschäftsjahrs verwenden
Speichern	
	Standardanfangszeit: 08:00 ▾ Diese Zeiten werden
Sprache	Standardendzeit: 17:00 ▾ Anfangs- oder Endte
Erweitert	wird. Wenn Sie diese
	Stunden pro Tag: 8 ⇅ Projektkalender mith
Menüband anpassen	Stunden pro Woche: 40 ⇅ der Registerkarte "Pr
Symbolleiste für den Schnellzugriff	Tage pro Monat: 20 ⇅
Add-Ins	**Terminplanung**
Trust Center	☑ Terminplanmeldungen anzeigen ⓘ
	Zuordnungseinheiten anzeigen als: Prozentsatz ▾
	Planungsoptionen für dieses Projekt: 🗐 Projekt2 ▾
	Neu erstellte Vorgänge: Automatisch geplant ▾
	Automatisch geplante Vorgänge für den Termin: Projektanfangstermin ▾
	Dauer wird eingegeben in: Tage ▾
	Arbeit wird eingegeben in: Stunden ▾
	Standardvorgangsart: Feste Dauer ▾
	☐ Neue Vorgänge sind leistungsgesteuert ⓘ ☑ Vorgänge beacht

NOTIZEN, ANMERKUNGEN:

5.2　Erfassen von Vorgängen

5.2.1　Vorgänge

Für die Eingabe der Vorgänge bietet sich die Ansicht Gantt-Diagramm/Tabelle/Eingabe (Standardansicht beim Aufruf von Microsoft Project) an. Falls Ihnen gerade eine andere Ansicht angezeigt wird, rufen Sie die gewünschte Ansicht über das Menü **„Ansicht/Gantt-Diagramm"** in Kombination mit der Tabelle Eingabe auf.

Die Auswahl der Tabelle erfolgt am einfachsten durch Rechtsklick mit der Maustaste auf dem Schnittpunkt der Zeilen und Spalten (s. Markierung), alternativ auch über den Menüpunkt **„Ansicht Tabellen"**.

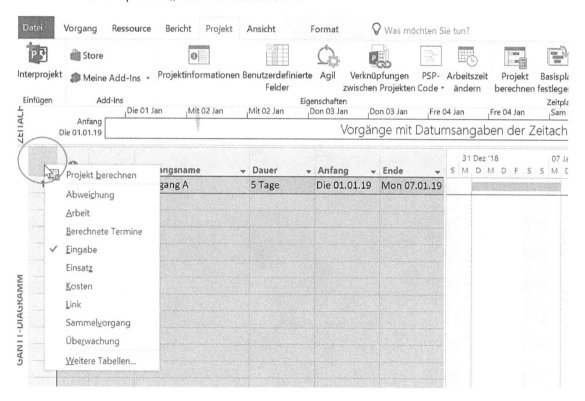

Die jeweiligen Vorgangsbezeichnungen sollen aussagekräftige Namen enthalten. Nach Eingabe des Namens kann die Dauer eingegeben werden oder der Anfangs- und Endtermin, dann wird die Dauer automatisch berechnet.

Der eingegebenen Dauer entsprechend, wird ein Balken im Kalenderbereich eingezeichnet. Wird keine Einheit mit angegeben, so trägt Microsoft Project die Dauer standardmäßig in Tagen ein, bzw. der zuletzt verwendeten Einheit.

NOTIZEN, ANMERKUNGEN:

Auch hier kann man den Unterschied zwischen der Vorgangsplanung automatisch/manuell erkennen. Ändert man bei der automatischen Vorgangsplanung das Endedatum auf den 09.01.2019, so behält Project die eingetragene Dauer von 4 Tagen bei und verschiebt den Anfang des Vorgangs auf den 04.01.2019 und damit das Ende auf den 09.01.2019.

Bei der manuellen Planung verlängert Project den Vorgang von 4 auf 7 Tage.

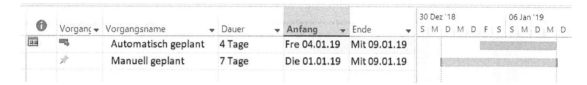

5.2.2   MEILENSTEINE PLANEN/ANLEGEN

Ein Meilenstein ist ein Termin/Datum/Stichtag der Projektplanung, ein besonderer Zeitpunkt, zu dem ein wesentliches Zwischenergebnis erreicht sein soll. Ein Meilenstein kann normalerweise erst „überschritten" werden, wenn die vorher formulierten, qualifizierten Meilensteinanforderungen auch tatsächlich erfüllt wurden. Wichtige Meilensteine sind z. B. die Übergänge von einer Projektphase zur nächsten mit entsprechenden Arbeitsergebnissen am Ende der Phase.

Um einen Meilenstein in Microsoft Project darzustellen, muss die Dauer mit **„0 Tage"** eingegeben werden.

Alternativ kann über die Vorgangsinformationen ein Vorgang als Meilenstein definiert werden. Die Darstellung erfolgt dann als ein auf der Spitze stehendes Quadrat. Das Datum wird standardmäßig rechts daneben angezeigt.

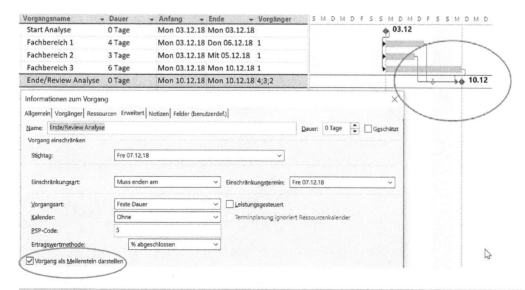

NOTIZEN, ANMERKUNGEN:

Für eine Übersicht aller Meilensteine (z. B. Meilensteintrendanalyse) kann die Filter- oder Gruppierungsfunktion eingesetzt werden.

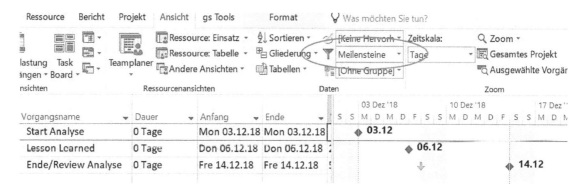

Bei verschiedenen Anbietern sind auch „Add ons" für Microsoft Project erhältlich, die automatisch eine Meilensteintrendanalyse (MTA) aus dem Projektplan erstellen.

NOTIZEN, ANMERKUNGEN:

5.3 VERKNÜPFUNGEN VON VORGÄNGEN

Anordnungsbeziehungen bzw. Vorgangsverknüpfungen spiegeln den Sachverhalt wieder, in dem die Vorgänge voneinander abhängen. Dazu setzen Sie Vorgänge zueinander in Beziehung.

Dies erfolgt in Microsoft Project, in dem Sie jedem Vorgang die Vorgänger oder Nachfolger zuordnen, die in bestimmter Weise Voraussetzung für die Erledigung sind.

- Der Vorgang, von dem ein anderer Vorgang abhängt, ist der **Vorgänger** (Predecessor) dieses Vorganges.
- Der Vorgang, dessen Anfang oder Ende von einem anderen Vorgang abhängt, heißt **Nachfolger** (Successor).

Folgende Vorgangsverknüpfungen sind in Microsoft Project darstellbar und werden auch so in allgemeinen Beschreibungen zum Thema Projektmanagement definiert:

Ende-Anfang (EA) „Normalfolge"	Vorgang B kann erst anfangen, wenn Vorgang A abgeschlossen ist.	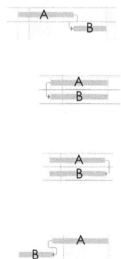
Anfang-Anfang (AA)	Vorgang B muss starten, wenn Vorgang A begonnen hat.	
Ende-Ende (EE)	Vorgang B muss beendet werden, wenn Vorgang A zu einem Ende gekommen ist.	
Anfang-Ende (AE) „Sprungfolge"	Wenn Vorgang A anfängt, muss Vorgang B beendet sein.	

Nur wenn für alle Vorgänge über das ganze Projekt entsprechende Vorgangsbeziehungen abgebildet sind, ist Microsoft Project in der Lage, den kritischen Weg (kritischer Pfad) und die Pufferzeiten automatisch zu berechnen!

NOTIZEN, ANMERKUNGEN:

Der kritische Pfad ist derjenige Weg durch einen Netzplan:

- Der die Mindestprojektdauer bestimmt
- Dessen Aufgaben voneinander abhängig sind
- Dessen Aufgaben keinen zeitlichen Puffer haben

Die Vorgangsverknüpfungen können über verschiedene Varianten durchgeführt werden, die dann auch grafisch dargestellt werden. Dabei empfiehlt es sich, grundsätzlich die Spalten „**Vorgänger**" und „**Nachfolger**" mit einzublenden. Microsoft Project zeigt den Vor- oder Nachfolger, je nach Eingabe, **automatisch** an.

5.3.1 ÜBER DEN VORGANGSNAMEN (NEU)

Neu in der Version Project 2019, ist die Möglichkeit, die Vorgangsbeziehungen direkt über den Namen des Vorgängers oder Nachfolgers aus einem Menü festzulegen.

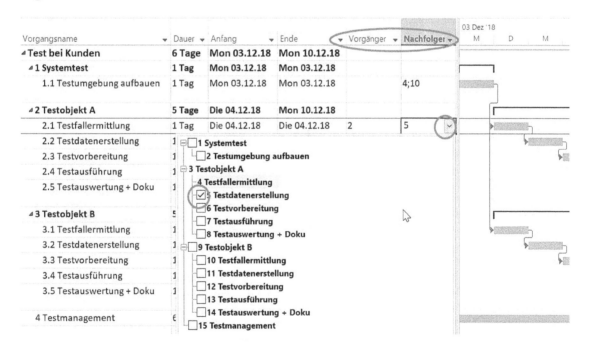

Sobald die Spalte Vorgänger oder Nachfolger angeklickt ist, werden einem über ein drop-down Menü alle Vorgänge angezeigt und durch markieren des jeweiligen Vorgangs als Vorgänger oder Nachfolger festgelegt. In der jeweiligen Spalte wird die entsprechende Zeilennummer des Vorgangs angezeigt.

NOTIZEN, ANMERKUNGEN:

5.3.2   Mit der Maus

Eine weitere Möglichkeit ist die Verknüpfung mit der Maus. Der Cursor wird in der Mitte des Vorgangs positioniert, von dem aus eine Nachfolgerbeziehung erstellt werden soll. Linke Maustaste drücken und halten, jetzt mit dem Cursor auf die Mitte des Vorgangs ziehen, mit dem eine EA (Ende-Anfang) Beziehung erstellt werden soll.

In einem Fenster wird zur Kontrolle die gewünschte Vorgangsbeziehung ange-zeigt. Die Felder Vorgänger und Nachfolger werden automatisch gefüllt.

5.3.3   Über Informationen zum Vorgang

Auch eine Möglichkeit die Vorgangsbeziehungen abzubilden ist, auf den Nach-folgervorgang in der jeweiligen Zeile einen Doppelklick, dann öffnet sich das Fenster „Informationen zum Vorgang", unter dem Reiter Vorgänger kann die di-rekte Vorgangsnummer eingetragen werden. Alternativ kann über das drop-down Menü „**Vorgangsname**" der jeweilige Vorgang aussucht werden.

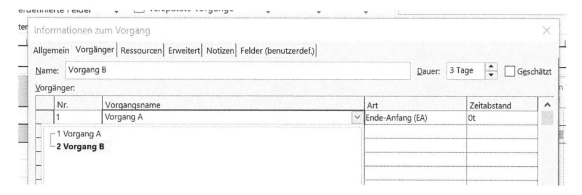

NOTIZEN, ANMERKUNGEN:

5.3.4 ÜBER EINE TASTENKOMBINATION (SHORTCUT)

Auch mit einer Tastenkombination lassen sich Vorgangsbeziehungen schnell darstellen. Dafür werden die jeweiligen Vorgänge markiert und durch die Tasten Strg + F2 wird die Vorgangsverknüpfung erstellt.

Die Markierung kann auch für nicht hintereinanderliegende Vorgänge mit der linken Maustaste und der Taste STRG erzeugt werden.

5.3.5 ÜBER DIE SYMBOLLEISTE

Mit dem „**Ketten**" Symbol werden die markierten Vorgänge mit einer „Ende-Anfang" Beziehung verknüpft, bzw. die Verknüpfung wird aufgehoben.

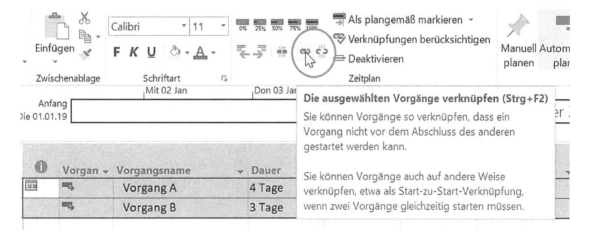

NOTIZEN, ANMERKUNGEN:

5.4 BESONDERHEITEN BEI DER VORGANGSVERKNÜPFUNG

Wenn nicht die Standardverknüpfung „Ende-Anfang" gewünscht wird, kann dies ebenfalls über den Reiter in den Vorgangsinformationen Spalte „**Art**" und „**Zeitabstand**" eingestellt werden.

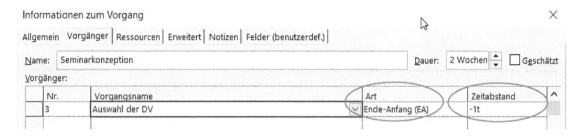

Folgende Besonderheiten sind möglich:

Spalte Vorgänger	Funktion
2	Der Vorgang kann erst nach dem Ende von Vorgang 2 beginnen.
2;3	Der Vorgang kann erst nach dem Ende von Vorgang 2 und nach dem Ende von Vorgang 3 beginnen.
2EA-1t	Einen Tag vor dem Ende von Vorgang 2 muss der Vorgang beginnen. Eintrag in der Spalte Zeitabstand.
2AA	Der Vorgang muss beginnen, wenn der Vorgang 2 anfängt.
2;3AA	Der Vorgang kann erst nach Ende von Vorgang 2 und gleichzeitig mit dem Anfang von Vorgang 3 beginnen.
5EE	Der Vorgang muss enden, wenn der Vorgang 5 endet.
3AA+3t	Der Vorgang muss 3 Tage nach dem Anfang von Vorgang 3 beginnen. Eintrag in der Spalte Zeitabstand.
4AA+40%;3EA+3t	Wenn 40 % (damit dynamisch, angepasst an die tatsächliche Dauer des Vorgängers) von Vorgang 4 durchgeführt sind, muss dieser Vorgang beginnen. Außerdem muss Vorgang 3 schon 3 Tage beendet sein. Eintrag in der Spalte Zeitabstand.

NOTIZEN, ANMERKUNGEN:

Beispiele:

Ende-Anfang Beziehung mit einem negativen Zeitabstand, d. h. der Nachfolger fängt schon 2 Tage vor dem Ende des Vorgängers an.

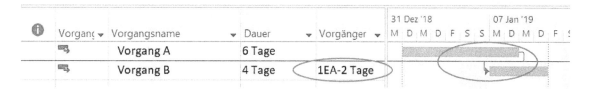

Ende-Anfang Beziehung mit einem positiven Zeitabstand, d. h. der Nachfolger wurde mit 2 Tagen Zeitabstand zu seinem Vorgänger geplant.

Alternativ zu einem festen Wert kann der negative oder positive Zeitabstand auch als Prozentwert angegeben werden. Der effektive Zeitabstand passt sich dann immer dynamisch an die Dauer des Vorgängers an.

Diese Planoptimierungen können später bei der Ressourcenzuweisung zu einer Überlastung einer Ressource führen, wenn diese in beiden Vorgängen verplant wurde.

NOTIZEN, ANMERKUNGEN:

Alle Arten der Vorgangsverknüpfungen können auch projektübergreifend durch-geführt werden, d. h. man kann Abhängigkeiten über Teilprojekte hinweg erstel-len. Teilprojekt FB2 kann erst beginnen, wenn in Teilprojekt FB1 eine bestimmte Leistung erbracht wurde (Multiprojektmanagement s. a. Kapitel 12).

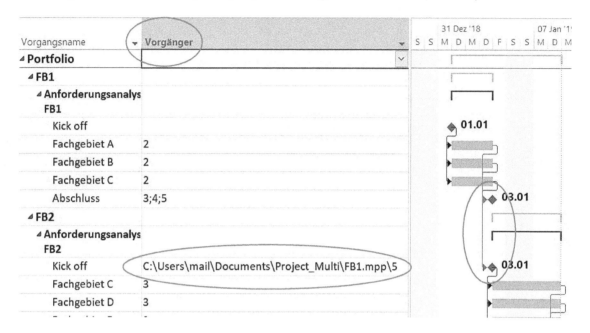

Vorgänger und Nachfolger aus anderen Projekten werden farblich durch einen grauen Balken in den Teilprojekten dargestellt.

NOTIZEN, ANMERKUNGEN:

5.5   AGILE PLANUNG

5.5.1   FÜR ALLE MICROSOFT-PROJECT VERSIONEN

In den Microsoft Project Online Versionen und bei Office 365 (bestimmte Lizenzen) stehen die Funktionen für agile Planung und Kanban Darstellung standardmäßig zur Verfügung (wird in Kapitel 5.5.2 beschrieben).

Aber auch mit einer „normalen" Desktop Version von Microsoft Project (auch ältere Versionen) kann man schon den agilen Ansatz mit benutzerdefinierten Feldern abbilden. Hier eine entsprechende Tabellenansicht:

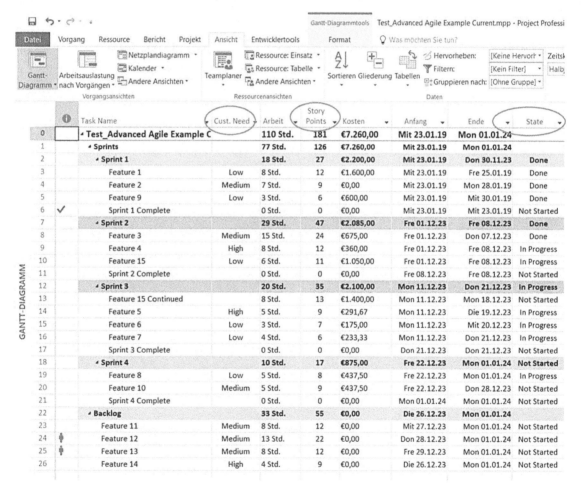

Beschreibung der benutzerdefinierten Felder, wie Cust. Need, Story Points und State, auf der nächsten Seite.

NOTIZEN, ANMERKUNGEN:

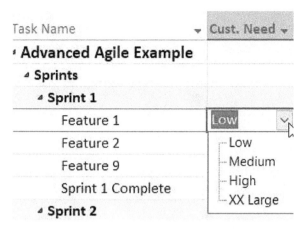

Die benutzerdefinierten Felder wurden als drop-down Menü definiert und haben dann folgende Auswahlmöglichkeiten: Die 4 Möglichkeiten von Dringlichkeit der Benutzeranforderungen wurden im benutzerdefinierten Feld „**Cust. Need**" definiert und nur diese können ausgewählt werden.

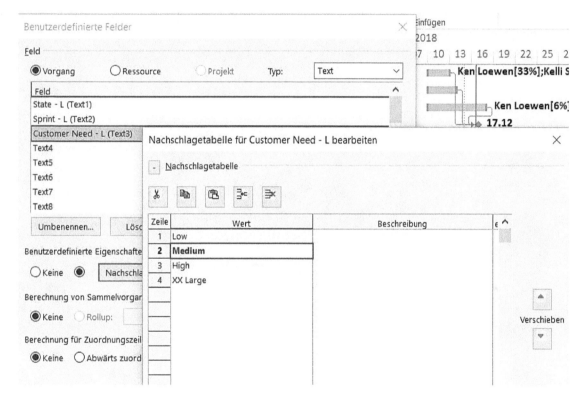

Der Wert Medium wurde als Standardwert definiert. In der Spalte Beschreibung können noch Hilfstexte für die jeweiligen Einträge hinterlegt werden.

Alle anderen Felder wie State, Sprint und Story Points wurden nach dem gleichen Schema über benutzerdefinierte Felder umgesetzt,

Eine Projektvorlage finden Sie kostenlos auf meiner Homepage unter www.oberboersch.com.

Notizen, Anmerkungen:

Alternativ durch das Öffnen der Projektvorlage „**Agiles Projektmanagement**"
über „**Datei/Neu**".

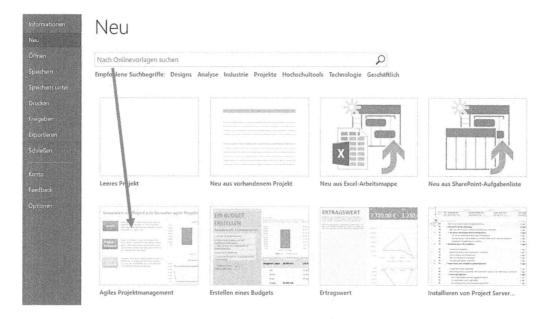

Auch hier wird mit benutzerdefinierten Feldern und vordefinierten Berichten, wie
Sprintstatus und verbleibende Arbeit gearbeitet.

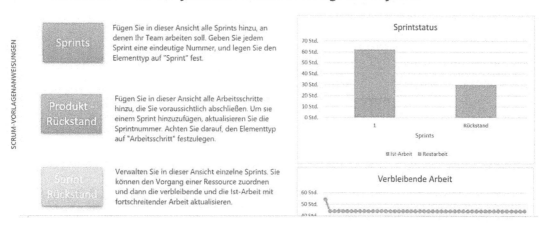

Durch Anklicken einer der 3 Buttons wird automatisch die Tabelle mit den entsprechenden Eingabefeldern geöffnet. Alternativ mit der rechten Maustaste auf den
linken Bildschirmrand die Auswahl der Ansichten öffnen oder über den Menüpunkt „**Ansicht/Benutzerdefiniert**".

NOTIZEN, ANMERKUNGEN:

In der Ansicht „**Sprints**" können Vorgaben aus den benutzerdefinierten Felder „**Item Type**" und „**Sprint Number**" ausgewählt werden.

Bei Bedarf ist eine Anpassung direkt über die benutzerdefinierten Felder möglich.

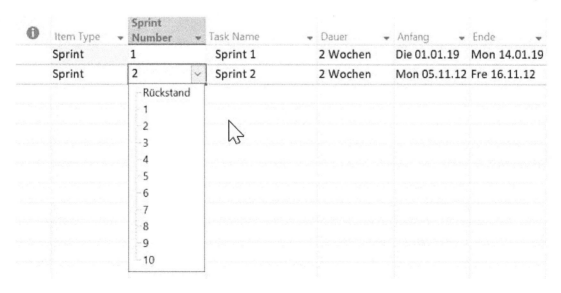

NOTIZEN, ANMERKUNGEN:

Die Ansicht „**Sprint Rückstand**" zeigt die geleistete Arbeit und die Restarbeit je Sprint bzw. Work Item. Auch hier sind Anpassungen in Form von weiteren anzuzeigenden Feldern natürlich möglich.

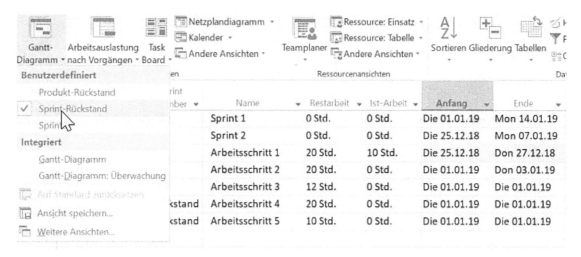

Die vordefinierte Ansicht Produkt-Rückstand wurde mit den selbstdefinierten Feldern „**Item Type**", „**Sprint Number**" und dem Standardfeld „**Arbeit**" realisiert.

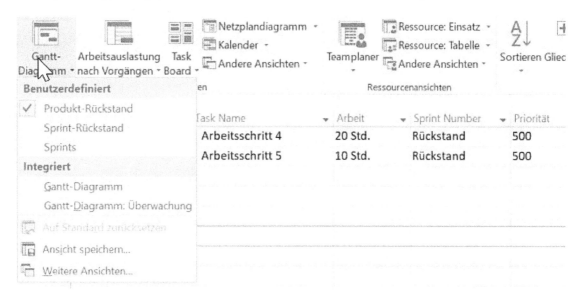

NOTIZEN, ANMERKUNGEN:

5.5.2 FÜR DIE MICROSOFT PROJECT ONLINE VERSIONEN UND OFFICE 365

5.5.2.1 AGILE PLANUNG

„Endlich" besteht nun auch die Möglichkeit, Scrum oder Kanban Projekte in Microsoft Project zu planen/abzubilden.

Neben den Project Online Versionen stehen die folgenden Möglichkeiten auch den Nutzern einer Office 365 mit entsprechender Lizenz zur Verfügung. Bei der Nutzung mit dem Project Server bzw. Zugriff über Project Web App stehen die Funktionen (bisher noch) nicht zur Verfügung.

Über „**Datei/Neu**" sollte dann bei den entsprechenden Programmvoraussetzungen diese Auswahlmöglichkeit angezeigt werden. Über die Vorlage erfolgt die Auswahl, ob man das Projekt als klassisches Wasserfallmodell, als Srcum-Projekt oder als Kanban Projekt planen möchte. Es kann auch später noch der Wechsel zwischen einer Gantt-Ansicht oder Darstellung als agiles Projekt erfolgen.

Insgesamt werden verschiedene Ansichten für die Scrum Planung bereitgestellt.

- Sprintboard (klassisch backlog-Board)
- Sprintplanungsblatt (Planung aller Sprints)

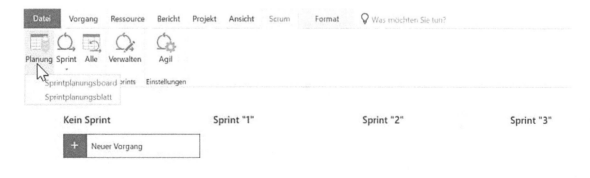

NOTIZEN, ANMERKUNGEN:

- Aktuelle Sprintblatt
- Aktuelle Sprintboard

- Verwalten

Die Ansicht von „**Alle**" (alle Backlog Einträge) wird z. Zt. nicht unterstützt bzw. mit einer Fehlermeldung ausgewiesen.

Detaillierte Beschreibung der verschiedenen Ansichten und Funktionen erfolgt auf den folgenden Seiten.

NOTIZEN, ANMERKUNGEN:

Ansicht Sprintplanungsblatt (Tabellenansicht)

Im Sprintplanungsblatt werden die Arbeitspakete (User Storys) mit den erforderlichen Angaben wie Name, Arbeit, Ressourcenname und Stichtag eingetragen. In der Spalte „**Boardstatus**" kann man den Status „Rückstand", „als nächstes fertig", in „Arbeit" und „fertig" abbilden. Die Spalte „Stichtag" ist standardmäßig vorgegeben und die Auswahl „Agil" ist mit „Ja" vorbelegt.

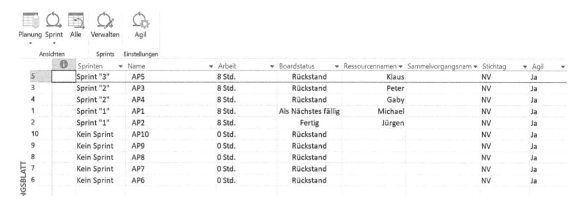

		Sprinten	Name	Arbeit	Boardstatus	Ressourcennamen	Sammelvorgangsnam	Stichtag	Agil
5		Sprint "3"	AP5	8 Std.	Rückstand	Klaus		NV	Ja
3		Sprint "2"	AP3	8 Std.	Rückstand	Peter		NV	Ja
4		Sprint "2"	AP4	8 Std.	Rückstand	Gaby		NV	Ja
1		Sprint "1"	AP1	8 Std.	Als Nächstes fällig	Michael		NV	Ja
2		Sprint "1"	AP2	8 Std.	Fertig	Jürgen		NV	Ja
10		Kein Sprint	AP10	0 Std.	Rückstand			NV	Ja
9		Kein Sprint	AP9	0 Std.	Rückstand			NV	Ja
8		Kein Sprint	AP8	0 Std.	Rückstand			NV	Ja
7		Kein Sprint	AP7	0 Std.	Rückstand			NV	Ja
6		Kein Sprint	AP6	0 Std.	Rückstand			NV	Ja

Genau wie bisher können mit benutzerdefinierten Spalten noch weitere Informationen zu jeder User Story gespeichert werden, wie ein Textfeld für detaillierte Informationen oder ein Zahlenfeld für die Priorisierung. Damit kann eine individuelle Ansicht erstellt werden, die dann mit Filter- und Gruppierungsfunktionen bearbeitet werden kann. (s. Kapitel 9)

Ansicht Sprint Planungsboard

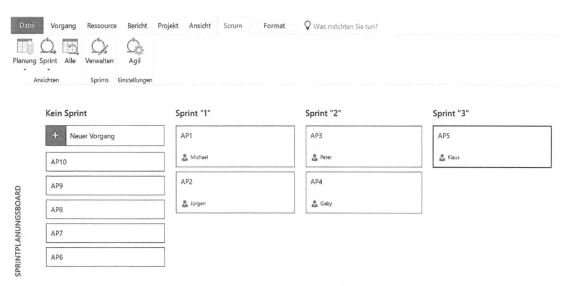

In der Ansicht Sprint Planungsboard werden die Arbeitspakete den einzelnen Sprints mit der Maus zugewiesen. Standard sind 3 Sprints mit je 2 Wochen Dauer. Unter „**AgileTools/Scrum/Verwalten**" lassen sich die Standardvorgaben ändern.

NOTIZEN, ANMERKUNGEN:

Der Status wird aktualisiert, indem im aktuellen Sprintboard das jeweilige Arbeitspaket per drag and drop nach „Als nächstes fällig", „In Arbeit" oder „Fertig" verschoben wird.

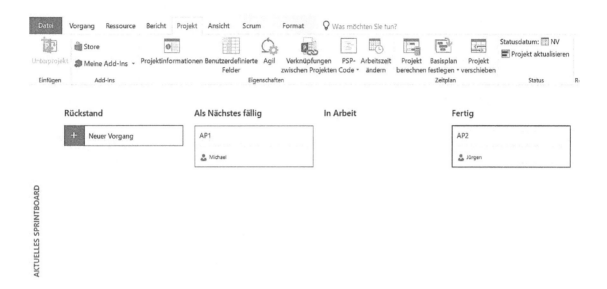

Alternativ über die Ansicht „**Sprintblatt**", mit der drop-down Auswahl in der Spalte
„Boardstatus" können die verschiedenen Arbeitsstände ausgewählt werden.

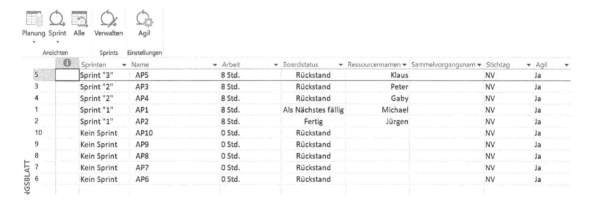

Die Ansicht aktuelles Sprintblatt und aktuelles Sprintboard aktualisieren sich automatisch.

NOTIZEN, ANMERKUNGEN:

5.5.2.2 REPORTS AGIL

Für die agile Projektplanung stehen standardisierte Berichte unter der Register-karte „**Bericht/Agil**" zur Verfügung, die wie alle anderen Berichte noch individuell angepasst werden können.

Insgesamt stehen 5 fertige Berichte zur Auswahl: Ansicht Sprints und Ansicht über Boards.

Übersicht der Reports:

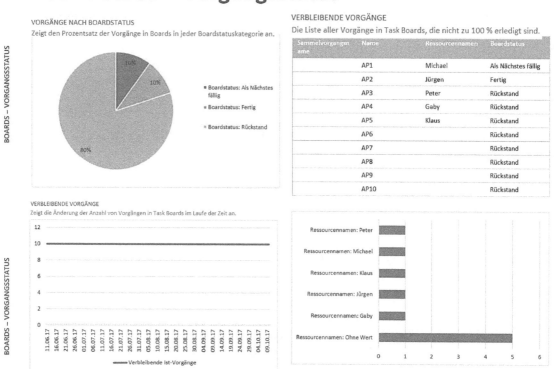

NOTIZEN, ANMERKUNGEN:

Boards – Arbeitsstatus

Sind diese Diagramme leer? Versuchen Sie, den Vorgängen Ressourcen zuzuweisen oder das Arbeitsfeld festzulegen.

VERBLEIBENDE ARBEIT

Zeigt die Anzahl der Stunden der Ist-Arbeit und verbleibenden Arbeit in jeder Boardstatuskategorie an.

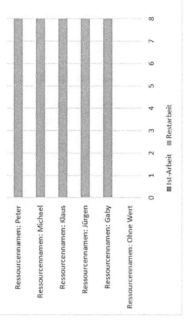

VERBLEIBENDE ARBEIT NACH RESSOURCE

Zeigt die Anzahl der Stunden der Ist-Arbeit und verbleibenden Arbeit an, die jeder Ressource zugewiesen sind.

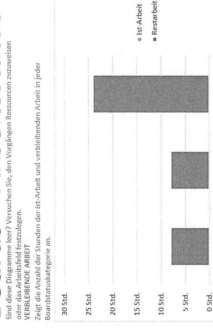

VERBLEIBENDE VORGÄNGE

Die Liste aller Vorgänge in Task Boards, die nicht als 100 % erledigt markiert sind.

Sammelvorgangsname	Name	Ressourcennamen	Boardstatus	Restarbeit
	AP1	Michael	Als Nächstes fällig	8 Std.
	AP2	Jürgen	Fertig	8 Std.
	AP3	Peter	Rückstand	8 Std.
	AP4	Gaby	Rückstand	8 Std.
	AP5	Klaus	Rückstand	8 Std.
	AP6		Rückstand	0 Std.
	AP7		Rückstand	0 Std.
	AP8		Rückstand	0 Std.
	AP9		Rückstand	0 Std.
	AP10		Rückstand	0 Std.

VERBLEIBENDE ARBEIT ÜBER EINEN ZEITRAUM

Zeigt die Anzahl der Arbeitsstunden an, die erledigt wurden, sowie die Anzahl der verbleibenden Stunden.

NOTIZEN, ANMERKUNGEN:

AKTUELLER SPRINT – ARBEITSSTATUS

Sind diese Diagramme leer? Versuchen Sie, den Vorgängen Ressourcen zuzuweisen oder das Arbeitsfeld festzulegen.

VERBLEIBENDE ARBEIT
Zeigt die Anzahl der Stunden der Ist-Arbeit und verbleibenden Arbeit in diesem Sprint in jeder Boardstatuskategorie an.

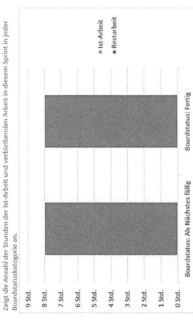

Legende: Ist-Arbeit, Restarbeit
Kategorien: Boardstatus: Als Nächstes fällig, Boardstatus: Fertig

VERBLEIBENDE ARBEIT NACH RESSOURCE
Zeigt die Anzahl der Stunden der Ist-Arbeit und verbleibenden Arbeit an, die jeder Ressource für diesen Sprint zugewiesen sind.

Ressourcennamen: Michael
Ressourcennamen: Jürgen
Legende: Ist-Arbeit, Restarbeit

VERBLEIBENDE VORGÄNGE
Die Liste der Vorgänge des aktuellen Sprints, die nicht als 100 % erledigt markiert sind.

Sammelvorgangsname	Name	Ressourcennamen	Boardstatus	Restarbeit
	AP1	Michael	Als Nächstes fällig	8 Std.
	AP2	Jürgen	Fertig	8 Std.

VERBLEIBENDE ARBEIT ÜBER EINEN ZEITRAUM
Zeigt die Anzahl der Arbeitsstunden an, die erledigt wurden, sowie die Anzahl der verbleibenden Stunden. Um optimale Ergebnisse zu erzielen, aktualisieren Sie den Datumsbereich des Diagramms so, dass er dem Sprint entspricht.

Datumsachse: 11.06.17, 16.06.17, 21.06.17, 26.06.17, 01.07.17, 06.07.17, 11.07.17, 16.07.17, 21.07.17, 26.07.17, 31.07.17, 05.08.17, 10.08.17, 15.08.17, 20.08.17, 25.08.17, 30.08.17, 04.09.17, 09.09.17, 14.09.17, 19.09.17, 24.09.17, 29.09.17, 04.10.17, 09.10.17
Legende: Verbleibende Ist-Arbeit (kumuliert), Verbleibende Arbeit (kumuliert)

NOTIZEN, ANMERKUNGEN:

Task Boards – Vorgangsstatus

VORGÄNGE NACH BOARDSTATUS
Zeigt den Prozentsatz der Vorgänge in Boards in jeder Boardstatuskategorie an.

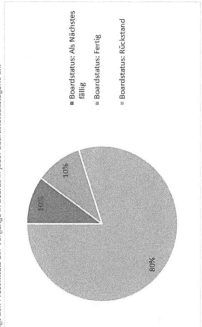

- Boardstatus: Als Nächstes fällig
- Boardstatus: Fertig
- Boardstatus: Rückstand

VERBLEIBENDE VORGÄNGE
Die Liste aller Vorgänge in Task Boards, die nicht zu 100 % erledigt sind.

Sammelvorgangsname	Name	Ressourcennamen	Boardstatus
	AP1	Michael	Als Nächstes fällig
	AP2	Jürgen	Fertig
	AP3	Peter	Rückstand
	AP4	Gaby	Rückstand
	AP5	Klaus	Rückstand
	AP6		Rückstand
	AP7		Rückstand
	AP8		Rückstand
	AP9		Rückstand
	AP10		Rückstand

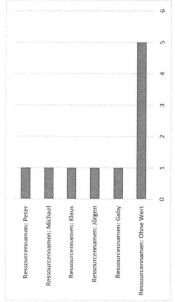

VERBLEIBENDE VORGÄNGE
Zeigt die Änderung der Anzahl von Vorgängen in Task Boards im Laufe der Zeit an.

— Verbleibende Ist-Vorgänge

VERBLEIBENDE VORGÄNGE NACH RESSOURCE
Zeigt an, wie viele verbleibende Vorgänge zurzeit jeder Ressource zugewiesen sind. Vorgänge, die zu 100 % erledigt sind, werden nicht mitgezählt.

NOTIZEN, ANMERKUNGEN:

AKTUELLER SPRINT – VORGANGSSTATUS

VORGÄNGE NACH BOARDSTATUS
Zeigt den Prozentsatz der Aufgaben dieses Sprints in jeder Boardstatuskategorie an.

VERBLEIBENDE VORGÄNGE
Zeigt an, wie sich die Anzahl von Vorgängen dieses Sprints im Laufe der Zeit ändert. Um optimale Ergebnisse zu erzielen, aktualisieren Sie den Datumsbereich des Diagramms so, dass er dem Sprint entspricht.

VERBLEIBENDE VORGÄNGE NACH RESSOURCE
Zeigt an, wie viele verbleibende Vorgänge zurzeit jeder Ressource für diesen Sprint zugewiesen sind. Vorgänge, die zu 100 % erledigt sind, werden nicht mitgezählt.

VERBLEIBENDE VORGÄNGE
Die Liste aller Vorgänge des Sprints, die nicht zu 100 % erledigt sind.

Sammelvorgangsname	Name	Ressourcennamen	Boardstatus
	AP1	Michael	Als Nächstes fällig
	AP2	Jürgen	Fertig

NOTIZEN, ANMERKUNGEN:

5.6   KANBAN

Neben der Scrum-Planung ist auch die Möglichkeit mit der Kanban Methode zu arbeiten jetzt vorhanden. Die Vorlage findet man unter „**Datei Neu**" oder unter der Registerkarte „**Projekt/Agil**".

Ähnlich wie bei der agilen Planung wird zunächst das „Rückstandsboard" (Back-log-Board) geöffnet.

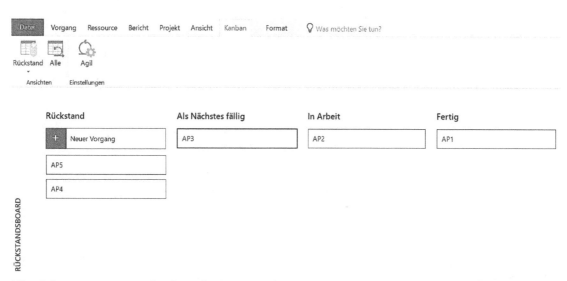

Hier können neue Arbeitspakete angelegt werden und per drag and drop in den Status „**Als nächstes fällig**", „**In Arbeit**" oder „**Fertig**" verschoben werden.

NOTIZEN, ANMERKUNGEN:

Im Rückstandsblatt werden die Arbeitspakete mit dem entsprechenden Status angezeigt. Für weitere Informationen wie z. B. WIP (**w**ork **i**n **p**rogess) können benutzerdefinierte Felder angelegt werden.

Zu beachtende Besonderheit: Wird ein Arbeitspaket in den Status „**Fertig**" verschoben führt dies NICHT automatisch zu einem Fertigstellungsgrad von 100 %. Umgekehrt führt ein Fertigstellungsgrad von 100 % NICHT automatisch dazu, dass das Arbeitspaket automatisch in den Status „**Fertig**" verschoben wird. Hier muss der Projektleiter noch manuelle Einträge bzw. Statusänderungen durchführen.

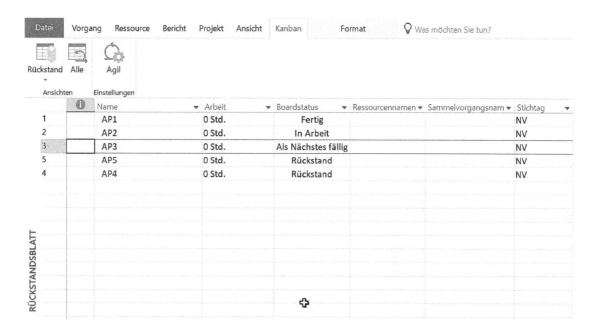

NOTIZEN, ANMERKUNGEN:

5.7 VORGÄNGE STRUKTURIEREN

Umfangreiche Projekte bestehen aus Hauptaufgaben, denen jeweils wieder Teilaufgaben zugeordnet werden. Hierdurch ergibt sich eine inhaltliche Gliederung der Projektaktivitäten. Eine solche Gliederung schafft bei großen Projekten eine bessere Übersicht.

Microsoft Project verfügt über eine Gliederungsfunktion, mit dem Sie die inhaltlichen Gliederungen programmtechnisch umsetzen und darstellen können. Die Phasen bzw. Zusammenfassungen von Vorgängen werden in Microsoft Project als **Sammelvorgänge** (project summary task) bezeichnet.

Die Eingabe von Sammelvorgängen kann bereits bei der ersten Eingabe aller Vorgänge erfolgen, aber auch nachträglich in eine Vorgangsliste eingegeben werden.

5.7.1 SAMMELVORGANG ZU BEGINN DES PROJEKTES ERSTELLEN

Der Sammelvorgang sollte einen aussagekräftigen Namen haben, um die darunterliegenden Vorgänge besser zu identifizieren bzw. zuordnen zu können. Im Beispiel nennen wir den Sammelvorgang „**Anforderungsanalyse**". Die Bezeichnung wird als normaler Vorgang mit eingegeben, die Dauer mit einem Tag kann erstmal so stehen bleiben.

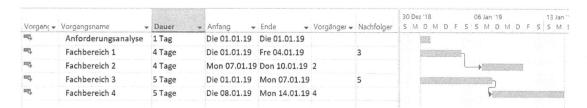

Wichtig! Alle Vorgänge müssen auf „**Automatische Planung**" eingestellt sein. Die exakte Dauer des Sammelvorgangs ergibt sich später aus der längsten Dauer aller darunterliegenden Vorgänge.

Wenn alle zum Thema „Anforderungsanalyse" gehörenden Aktivitäten eingegeben sind, werden diese markiert, linke Maustaste auf die entsprechende Zeilennummer und mit gedrückter Maustaste die gewünschten Zeilen markieren, alternativ mit der STRG-Taste die jeweiligen Zeilen markieren.

NOTIZEN, ANMERKUNGEN:

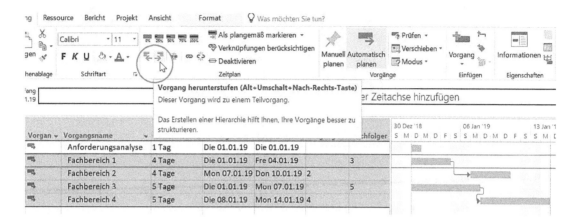

Anschließend unter dem Menüpunkt „**Vorgang**" den grünen Pfeil nach rechts anklicken, „**Vorgang herunterstufen**". Die markierten Vorgänge werden nach rechts
eingerückt und der Sammelvorgang (bekommt automatisch eine andere Balken-
formatierung) nimmt jetzt die Dauer der längsten Vorgangskette innerhalb des
Sammelvorgangs ein.

Mit einem Mausklick auf das kleine Dreieck vor dem Sammelvorgang können die
Detailvorgänge ein- bzw. ausgeblendet werden. Dieses Herunterstufen kann
auch noch für weitere Gliederungsstufen eingesetzt werden.

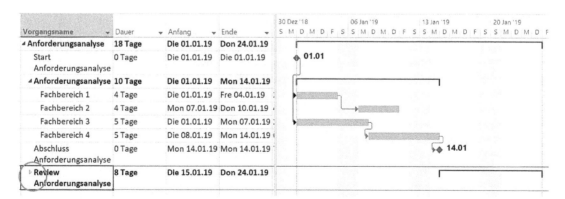

Hier wurden beim Review Anforderungsanalyse die Detailvorgänge ausgeblendet. So kann man bei größeren Projekten die relevanten Vorgänge im Detail darstellen und die anderen Vorgänge nur als Sammelvorgang darstellen.

NOTIZEN, ANMERKUNGEN:

5.7.2   Gliederungsnummer benutzen

Um bei umfangreichen Gliederungen nicht den Überblich zu verlieren, empfiehlt es sich, die Gliederungsnummer des jeweiligen Vorganges mit anzuzeigen, im Menüpunkt „**Format**", rechts einen Haken unter Gliederungsnummer setzen.

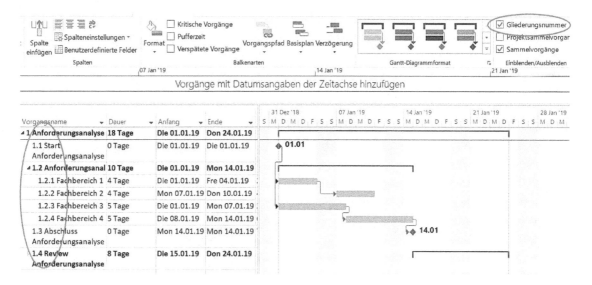

Alternativ kann man die Gliederungsnummer auch in einer separaten Spalte anzeigen. Den Spaltenkopf dort markieren wo die Gliederungsnummer erscheinen soll, rechte Maustaste, „**Spalte einfügen**" und dann das Feld „**Gliederungsnummer**" oder „**PSP-Code**" auswählen.

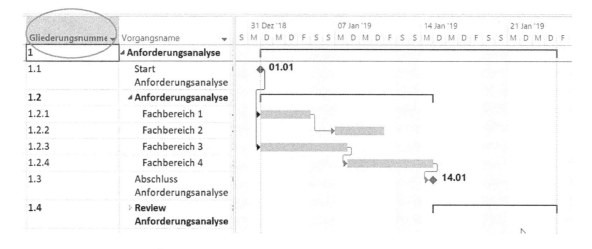

NOTIZEN, ANMERKUNGEN:

Zu den neuen Funktionen unter Microsoft Project 2019 zählt die Möglichkeit sich den Sammelvorgangsnamen in einer Spalte anzeigen zu lassen. Gerade bei großen Projektplänen ist das hilfreich, um in der Ansicht zu erkennen, welchem Sammelvorgang der einzelne Vorgang zugeordnet ist.

Cursor an die Stelle im Spaltenkopf wo die neue Spalte eingefügt werden soll, rechte Maustaste, „**Spalte einfügen**" und Sammelvorgangsname auswählen.

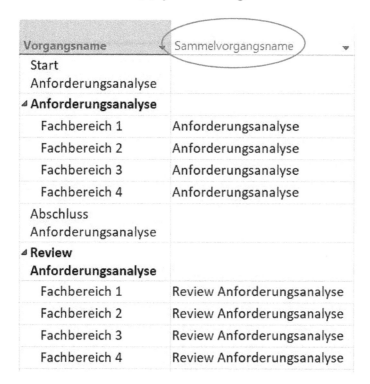

Mit dieser Information über den Sammelvorgang lassen sich auch Filter- und Gruppierungs-funktionen anwenden.

5.7.3 DARSTELLUNG ALS PROJEKTSTRUKTURPLAN (WBS)

Unter Microsoft Project gibt es direkt keine Funktion, um die so gegliederten Vorgänge auch grafisch als Projektstrukturplan (**W**ork **B**reakdown **S**tructure) darzustellen. Allerdings gibt es einige „add ons" im Internet, die dann über die Menüleiste integriert werden. Als Beispiel könnte es dann so aussehen:

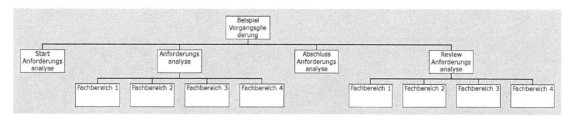

NOTIZEN, ANMERKUNGEN:

5.7.4 TOP-DOWN SAMMELVORGANGSPLANUNG

Die Möglichkeiten der Projektplanung sind nicht mehr darauf beschränkt, Teilvorgänge zu erstellen und dann in Sammelvorgängen darzustellen. Seit der Version Microsoft Project 2010 können jetzt zuerst Sammelvorgänge mit Datumsangaben erstellt werden, die mit den Daten der Teilvorgänge nicht übereinstimmen müssen.

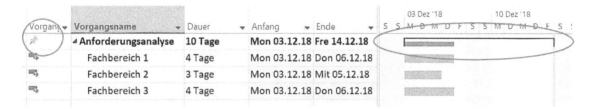

Am Beginn der Planungsphase verfügt man möglicherweise lediglich über einige übergeordnete Informationen zu den wichtigsten Lieferumfängen und Meilensteinen des Projektes.

Die Grobplanung (Anforderungsanalyse) wird im Sammelvorgang angezeigt, im Vergleich aber auch die effektive Zeitdarstellung der zugehörigen Teilvorgänge. Dazu wird der Vorgang nach Angabe von Anfang und Ende oder Dauer als Sammelvorgang gekennzeichnet, am einfachsten geht dies über den Menüpunkt „**Format**" und dann die Funktion „**Sammelvorgang**" anklicken. Wichtig! Der Sammelvorgang muss als „**manuell geplant**" eingetragen werden.

Hier liegt die addierte „echte" Dauer der einzelnen Vorgänge unter der Grob-schätzung der Anforderungsanalyse. Ein so definierter **Sammelvorgang** passt sich nach Einschalten der automatischen Planung der effektiven Zeitdauer der darun-terliegenden Vorgänge an.

NOTIZEN, ANMERKUNGEN:

5.8   VORGANGSEINSCHRÄNKUNGEN

Sie können Vorgänge mit Hilfe von Vorgangseinschränkungen an definierte Termine binden. Solche Einschränkungstermine werden z. B. in den folgenden Situationen angewandt:

- Bei Meilensteinen, die zu einem festgelegten Termin erreicht sein sollen
- Bei sachlichen Begründungen für eine Einschränkung, z. B. Veranstaltungstermine innerhalb eines Projektes, die fix sind oder bei Straßenbauarbeiten, die vor dem Winter fertig sein müssen

5.8.1   STICHTAG FESTLEGEN

Eine Möglichkeit der Kennzeichnung von Einschränkungen bzw. Terminwarnungen besteht in einer visuellen Darstellung eines Termins als **Stichtag**. Die Einschränkung wird durch ein Symbol in der Indikatorenspalte angezeigt.

Verzögert sich der Vorgang, so dass das Ende über den Stichtag hinaus verschoben wird, erscheint in der Indikatorenspalte ein Hinweis.

1. Doppelklick auf den Vorgang, dem Sie einen Einschränkungstermin zuordnen möchten
2. Im Fenster Informationen zum Vorgang zur Registerkarte **Erweitert** wechseln
3. Wählen Sie aus der Liste der **Einschränkungsarten** die gewünschte Einschränkungsart aus
4. Geben Sie das Datum für die Einschränkung in dem Feld **Stichtag** ein
5. Unter Einschränkungsart „**Muss enden am**" auswählen, **ok**
6. Die Meldung des Planungsassistenten mit Fortfahren aktualisieren
7. Klicken Sie auf **OK**

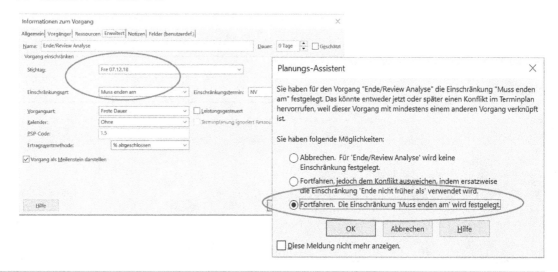

NOTIZEN, ANMERKUNGEN:

Die Einschränkung wird durch ein Symbol in der Indikatorenspalte angezeigt, der festgelegte Stichtag wird durch einen grünen Pfeil an dem Vorgang (hier Meilenstein) angezeigt.

Verlängern sich nun die vorgelagerten Vorgänge (Fachbereich 3 hat sich von 4 auf 6 Tage verlängert), so dass der Meilenstein auch auf einen späteren Termin rückt, dann bleibt der grüne Pfeil für die Kennzeichnung des Stichtags auf dem ursprünglichen Datum stehen und der aktuelle Termin wird rechts daneben angezeigt. Weiterhin erschein ein Hinweis in der Indikatorenspalte mit Angabe des Datums zum Stichtag.

Sollte diese Art der Einschränkung nicht funktionieren, so muss das Kontrollkästchen unter „**Datei/Optionen/Terminplanung**" deaktiviert werden.

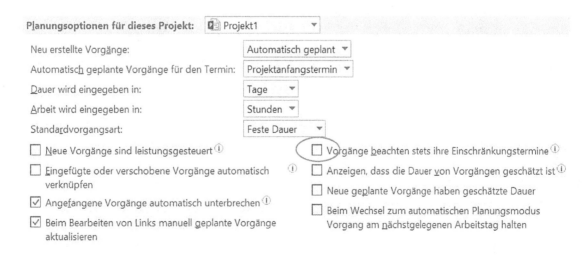

NOTIZEN, ANMERKUNGEN:

5.9   Vorgangsnotizen

Zu jedem Vorgang können individuelle Notizen erfasst werden, die dann in der Microsoft Project Datei mit abgespeichert werden. So können Informationen erfasst werden ohne weitere Tools wie Word o. ä. zu nutzen.

Die Eingabe erfolgt über einen Doppelklick auf den jeweiligen Vorgang, in dem sich dann öffnenden Fenster den Reiter „**Notizen**" auswählen. Die Verknüpfung mit Objekten aus anderen Anwendungen (z. B. Powerpoint) ist ebenfalls möglich.

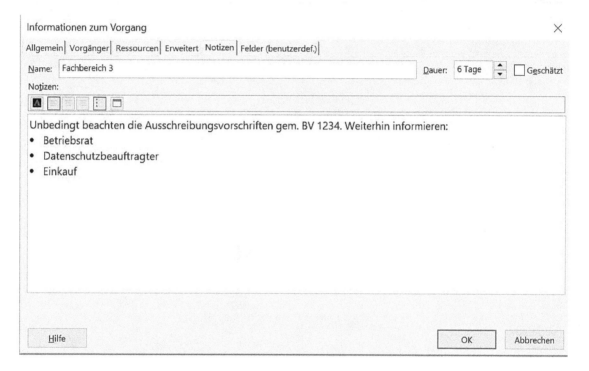

Eine Info über gespeicherte Notizen werden in der Indikatorenspalte mit einem Post-It angezeigt. Bewegt man den Mauszeiger auf das jeweilige Post-It, werden Teile der Notizen angezeigt. Alternativ kann auch das Feld „**Notizen**" in der jeweiligen Tabelle eingefügt werden.

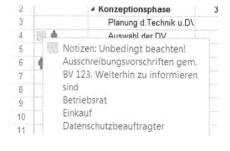

Für Informationen, die später für Gruppierungen oder Filterfunktionen benutzt werden sollen (z. B. Verantwortlicher, Kostenstelle), empfiehlt sich jedoch die Anwendung von benutzerdefinierten Feldern wie unter „**Benutzerdefinierte Felder**" im Kapitel 11 beschrieben.

NOTIZEN, ANMERKUNGEN:

5.10 ZEITACHSE

Die Weitergabe von Projektinformationen an Personen oder Stellen, die keine installierte Microsoft Project Version haben, gestaltete sich lange als schwierig und unübersichtlich, da ein kostenloser Viewer für Microsoft Project nicht verfügbar ist.

Alternativ wurde der Projektplan in das PDF-Format überführt oder ersatzweise ein Screenshot angefertigt. Beides ist nur suboptimal. Hier steht seit der Version Microsoft Project 2013 die Funktion „**Zeitachse**" zur Verfügung.

Die Zeitachse, die automatisch über die aktuelle Ansicht eingeblendet werden kann, zeigt einen genauen Überblick über den gesamten Terminplan bzw. ausgewählte Vorgänge. Der Zeitachse können Vorgänge hinzufügt werden, die Vorgänge können einzeln formatiert und die Zeitachse kann ausgedruckt werden.

Wird die Zeitachse nicht automatisch eingeblendet, so kann die Funktion über den Menüpunkt „**Ansicht**" eingeblendet werden. Es ist auch einfach möglich, die Zeitachse in eine E-Mail einzufügen und so den Projektbeteiligten eine schnelle Übersicht zukommen zu lassen.

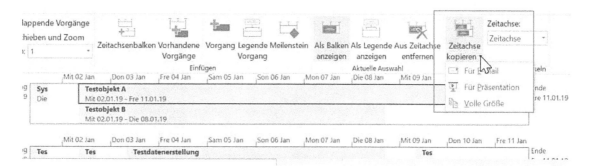

Weiterhin kann die Zeitachse in eine Powerpoint-Präsentation übertragen werden. Über das drop-down Menü, dass nach markieren der Zeitachse angezeigt wird, kann die gewünschte Funktion ausgewählt werden.

NOTIZEN, ANMERKUNGEN:

In diesem Beispiel wurden die grau hinterlegten Vorgänge markiert und über die rechte Maustaste zur Zeitachse hinzugefügt oder alternativ über den Menüpunkt **„Ansicht" – „Zur Zeitachse hinzufügen"**.

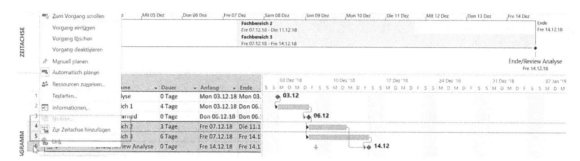

NEU seit der Microsoft Project Version 2016 ist die Möglichkeit, mehrere Zeitachsen einzublenden, die dann verschiedene Details des Projekts anzeigen.

In diesem Bild zeigt die erste Zeitachse die Sammelvorgänge des gesamten Projekts an und die 2. Zeitachse zeigt einige (ausgewählte) Detailvorgänge.

So ist vorzugehen: Nachdem die 1. Zeitachse definiert wurde, Rechtsklick mit der Maustaste im Anzeigebereich der Zeitachsen, dann wird folgendes Fenster angezeigt:

Mit der Auswahl **„Zeitachsenbalken"** wird eine weitere Zeitachse angezeigt.

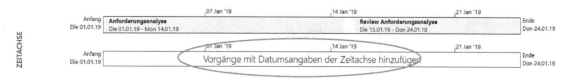

NOTIZEN, ANMERKUNGEN:

NEU in der Project Version 2019 ist die Bennenung der unterschiedlichen Zeitachsen. Unabhängig von den Vorgangsbezeichnungen bzw. den Namen der Sammelvorgänge kann jede Zeitachse mit einem aussagekräftigen Namen bezeichnet werden.

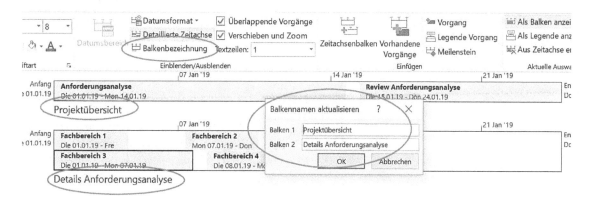

Wenn der Bereich Zeitachse markiert/aktiv ist, erscheint unter dem Menüpunkte Format ein Symbol „**Balkenbezeichnung**". Es öffnet sich ein Fenster in dem dann die Namen der Zeitachsen eingetragen/geändert werden.

Auch NEU in der Version 2019 ist die Darstellung des Arbeitsfortschritts in der Zeitachse. Die Farbe des Vorgangs in der Zeitachse wird entsprechend der „**% Arbeit abgeschl.**" geändert bzw. ein Haken zeigt die 100 % Erledigung an.

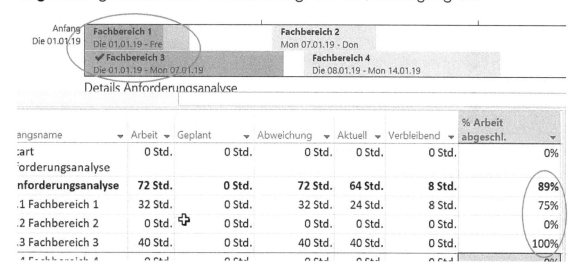

Für eine optimierte Darstellung, auch für s/w Druck, können die Balken andersfarbig formatiert werden.

NOTIZEN, ANMERKUNGEN:

5.11 KRITISCHER PFAD

Der kritische Pfad wird im Projektmanagement wie folgt definiert:

Der kritische Pfad ist in einem Projektplan die Abfolge von Vorgängen und Meilensteinen, die die Mindestprojektdauer bestimmen. Die Vorgänge auf dem kritischen Pfad sind voneinander **abhängig** und haben **keinen zeitlichen Puffer**. Ein Projekt kann auch mehr als einen kritischen Pfad haben.

Warum ist der „kritische Pfad" **kritisch** für ein Projekt:

Zum kritischen Pfad gehören alle Vorgänge, bei denen es keine Verzögerung geben darf. Dauern die Vorgänge auf dem kritischen Pfad länger als geplant, so verlängert sich dadurch automatisch die Projektdauer. Die Gesamtpufferzeit aller Vorgänge auf dem kritischen Pfad liegt bei null. Benötigt das Projektteam für einen kritischen Vorgang beispielsweise einen Tag länger als ursprünglich vorgesehen, so dauert das gesamte Projekt dadurch automatisch einen Tag länger.

Normalerweise erfolgt die Berechnung des kritischen Pfads in Form einer Vorwärts- und Rückwärtsrechnung in einem Netzplan. Dabei wird der freie Puffer und der Gesamtpuffer errechnet. In Microsoft Project erfolgt diese Berechnung im Hintergrund automatisch.

Die Anzeige kann als Netzplan erfolgen, über die Auswahl „**Vorgang – Ansicht**", oder rechte Maustaste ganz links im Fenster auf die Anzeige „**Netzplan**".

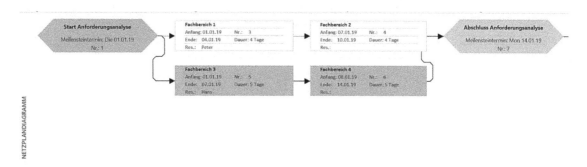

Mit dem Zoom-Schieber (rechts unten in der Bildleiste) kann der Netzplan beliebig vergrößert werden. Der kritische Pfad ist normalerweise mit rot in den Netzplanknoten gekennzeichnet (hier im Screenshot grau hinterlegt). Alle Informationen in den Knoten und Formatierungen des Netzplans können unter dem Punkt „**Format**" individuell angepasst werden.

NOTIZEN, ANMERKUNGEN:

Alternativ kann der kritische Pfad auch im Balkendiagramm Gantt anzeigt werden. Im Menüpunkt „Format" das Auswahlfeld „**Kritische Vorgänge**" anklicken.
Auch hier kann die Formatierung angepasst werden, z. B. für den Ausdruck in s/w.

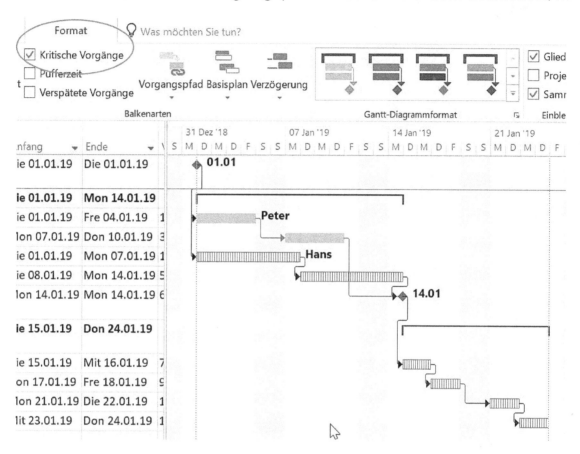

Detailinformationen zu den Vorgängen auf dem kritischen Pfad, wie früheste Anfangs- und Endzeitpunkte, späteste Anfangs- und Endzeitpunkte und freie- und
gesamte Pufferzeit sind in Microsoft Project in einer speziellen Tabelle dargestellt.
Wechseln Sie die Tabelle über „**Ansicht–Tabellen**", oder in der linken oberen Tabellenecke mit rechter Maustaste die Tabelle „**Berechnete Termine**" auswählen.

Notizen, Anmerkungen:

5.11.1 Pufferzeiten

In der Tabelle „**Berechnete Termine**" stehen jetzt alle Informationen des kritischen Pfads zur Verfügung. Neben den frühesten Anfangs- und Endzeitpunkten sowie spätesten Anfangs- und Endzeitpunkten der einzelnen Vorgänge, wird auch der freie und der gesamte Puffer angezeigt.

Vorgangsname	Anfang	Ende	Spätester Anfang	Spätestes Ende	Freie Pufferzeit	Gesamte Pufferzeit
1 Start Anforderungsanalys	Die 01.01.19	Die 01.01.19	Die 01.01.19	Die 01.01.19	0 Tage	0 Tage
◢ 2 Anforderungsanal	Die 01.01.19	Don 17.01.19	Die 01.01.19	Don 17.01.19	0 Tage	0 Tage
2.1 Fachbereich 1	Die 01.01.19	Fre 04.01.19	Die 01.01.19	Fre 04.01.19	0 Tage	0 Tage
2.2 Fachbereich 2	Mon 07.01.19	Don 10.01.19	Mon 14.01.19	Don 17.01.19	5 Tage	5 Tage
2.3 Fachbereich 2A	Mon 07.01.19	Don 17.01.19	Mon 07.01.19	Don 17.01.19	0 Tage	0 Tage
2.4 Fachbereich 3	Die 01.01.19	Mon 07.01.19	Fre 04.01.19	Don 10.01.19	0 Tage	3 Tage
2.5 Fachbereich 4	Die 08.01.19	Mon 14.01.19	Fre 11.01.19	Don 17.01.19	3 Tage	3 Tage
3 Abschluss Anforderungsanalys	Don 17.01.19	Don 17.01.19	Fre 18.01.19	Fre 18.01.19	0 Tage	0 Tage
◢ 4 Review Anforderungsanalys	Fre 18.01.19	Die 29.01.19	Fre 18.01.19	Die 29.01.19	0 Tage	0 Tage
4.1 Fachbereich 1	Fre 18.01.19	Mon 21.01.19	Fre 18.01.19	Mon 21.01.19	0 Tage	0 Tage
4.2 Fachbereich 2	Die 22.01.19	Mit 23.01.19	Die 22.01.19	Mit 23.01.19	0 Tage	0 Tage
4.3 Fachbereich 3	Don 24.01.19	Fre 25.01.19	Don 24.01.19	Fre 25.01.19	0 Tage	0 Tage
4.4 Fachbereich 4	Mon 28.01.19	Die 29.01.19	Mon 28.01.19	Die 29.01.19	0 Tage	0 Tage

Der Puffer wird wie folgt definiert:

Die **Pufferzeit** ist ein zeitlicher Spielraum für die Ausführung eines Vorganges, die sogenannte Zeitreserve. Dieser Spielraum kann durch Verschiebung des Vorganges und/oder durch Verlängerung (Dehnung) der Vorgangsdauer genutzt werden.

Aus den Angaben mehrerer Vorgaben lassen sich im Netzplan anschließend verschiedene Arten von Pufferzeit bestimmen:

Der **Gesamtpuffer** eines Vorgangs ist die Zeitspanne, die ein Vorgang gegenüber seinem frühesten Beginn (bzw. Dauer) verschoben werden kann, ohne das Projektende zu gefährden. Ein Vorgang ist kritisch, wenn sein Gesamtpuffer **gleich 0** ist.

Der **freie Puffer** ist die Zeit, die den frühestmöglichen Beginn bzw. Ende des Nachfolgers nicht gefährdet. Er kann nur entstehen, wenn mindestens zwei Vorgänge auf denselben Nachfolger treffen.

NOTIZEN, ANMERKUNGEN:

Um auch optisch den Puffer im Balkendiagramm zu erkennen, wird durch markieren des Auswahlfelds „**Pufferzeit**" der vorhandene Puffer mit einer schwarzen Linie angezeigt.

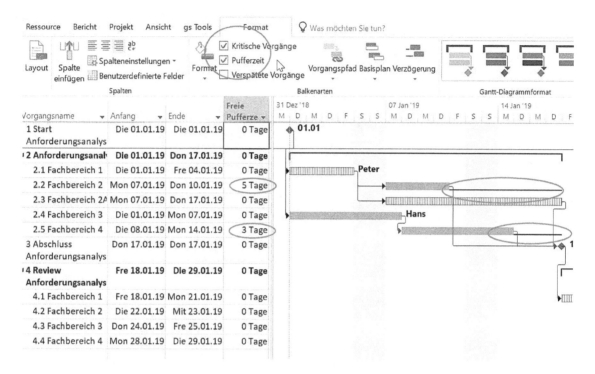

Über den Menüpunkt „**Format Balkenarten**" kann der Balken individuell gestaltet oder zusätzliche Beschriftungen, wie hier die freie Pufferzeit rechts am Balken, angezeigt werden.

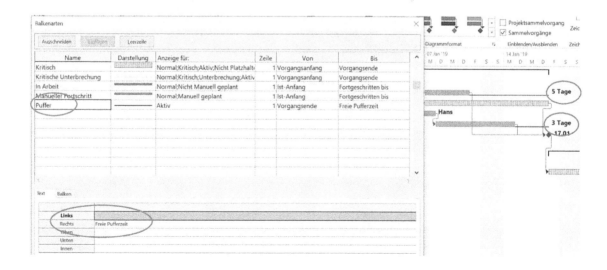

NOTIZEN, ANMERKUNGEN:

6 TABELLEN

Als Tabelle wird der linke Bereich in der Ansicht „**Balkendiagramm**" bezeichnet. In einer Tabelle werden die verschiedenen Datenfelder, in denen Microsoft Project die Daten speichert, angezeigt. In den Standardtabellen sind die Datenfelder thematisch gruppiert.

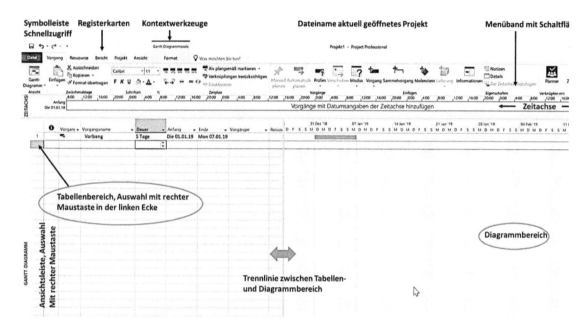

Die verfügbaren Tabellen werden entweder mit der rechten Maustaste wie in der Grafik angezeichnet aufgerufen, oder über die Ansicht „**Ansicht–Tabellen**".

NOTIZEN, ANMERKUNGEN:

6.1   STANDARDTABELLEN

Folgende Standardtabellen (integriert) sind verfügbar:

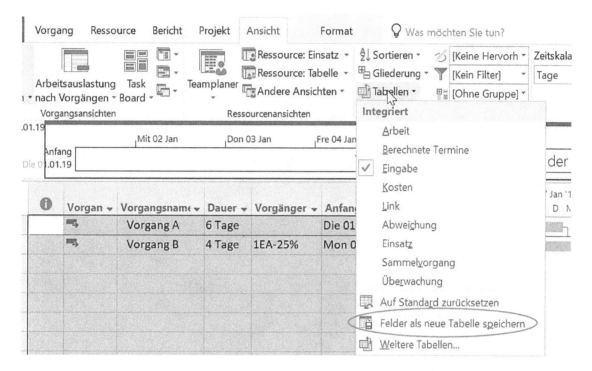

Interessantes Feature in der Auswahl, mit „**Felder als neue Tabelle speichern**", kann die aktuelle, individuell zusammengestellte Tabelle, direkt unter einem neuen Namen abgespeichert werden.

Unter der Auswahl weitere Tabellen sind noch weitere Tabellen für unterschiedlichste Anforderungen definiert (s. a. nächste Seite).

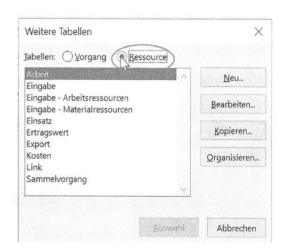

NOTIZEN, ANMERKUNGEN:

6.2   WEITERE TABELLEN

Unter „**Weitere Tabellen**" findet man noch eine Auswahl von Tabellen mit speziellen Informationen, die auf Basis bestehender Tabellen modifiziert oder neu erstellt werden (weitere Spalten, benutzerdefinierte Felder …) und unter einem eigenen Namen später abgespeichert und im Menü verfügbar sind.

Besonders für kundenspezifische Anpassungen ist die Definition und Namensvergabe von speziellen Tabellen sehr hilfreich und übersichtlich.

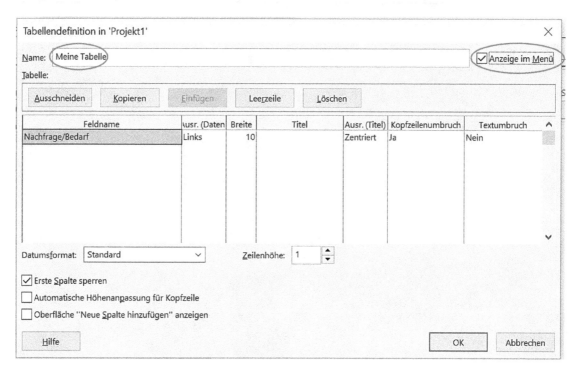

NOTIZEN, ANMERKUNGEN:

7 RESSOURCENPLANUNG

Für die Erledigung bzw. Bearbeitung von Vorgängen werden verschiedene Arten von Ressourcen eingesetzt, wie z. B. Personen und/oder Sachmittel. Seit der Version Microsoft Project 2007 können auch sog. Kostenressourcen Vorgängen zugeordnet werden, um Kosten, wie z. B. Reisekosten, direkt dem Vorgang zuzuordnen (s. Kapitel 8.1).

Nach der Planung der Aufgaben/Vorgänge erfolgt vorgangsbezogen die Zuordnung der jeweils benötigten Ressourcen. Die Ressourcenzuteilung (Zuordnung von Ressourcen zu Vorgängen) ermöglicht es:

- Aufzuzeigen, welche Mitarbeiter wann an Aufgaben mitwirken sollen
- Den Arbeits- und Kostenaufwand für den Ressourceneinsatz zu berechnen
- Überlastete Ressource zu ermitteln
- Freie Kapazitäten von Ressourcen anzuzeigen, um neue Aufgaben übertragen zu können

7.1 RESSOURCENEINSATZ PLANEN

Es gibt mehrere Arten, Ressourcen zu erfassen und zu verwalten:

- Projektbezogen
- Projektübergreifend (Anlage eines Ressourcenpools)
- Unternehmensübergreifend (Anlage eines Enterprise-Ressourcenpools - bei Einsatz von Microsoft Project Server und Microsoft Project Professional)

Welche Vorgehensweise für Sie die geeignete ist, ist abhängig davon, wie in Ihrem Unternehmen mit Microsoft Project gearbeitet wird.

Bei der ersten Variante (projektbezogen) erfassen Sie alle notwendigen Informationen in der aktuellem Project Datei. Dies ist zum Beispiel der Fall, wenn Sie als Projektleiter alleine mit einem Projektplan arbeiten. In diesem Falle legen Sie die Ressourcen erst in der Ressourcentabelle mit allen Informationen an und ordnen dann den Vorgängen zu.

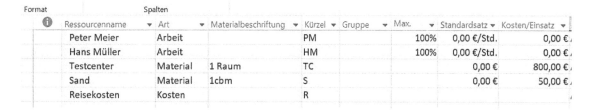

Ressourcenname	Art	Materialbeschriftung	Kürzel	Gruppe	Max.	Standardsatz	Kosten/Einsatz
Peter Meier	Arbeit		PM		100%	0,00 €/Std.	0,00 €
Hans Müller	Arbeit		HM		100%	0,00 €/Std.	0,00 €
Testcenter	Material	1 Raum	TC			0,00 €	800,00 €
Sand	Material	1cbm	S			0,00 €	50,00 €
Reisekosten	Kosten		R				

NOTIZEN, ANMERKUNGEN:

Bei der zweiten Variante (Anlage eines Ressourcenpools im Rahmen einer Multiprojektmanagementplanung s. Kapitel 12) wird nicht nur ein Projekt gesteuert, sondern mehrere. Projektübergreifend kann man die Ressourcenzuordnung und -auslastung erkennen.

Meist werden die Projekte sogar von unterschiedlichen Projektmanagern gesteuert. Die Ressourcen werden in solchen Fällen alle in einer Project-Datei erfasst. Jedes Projekt wird mit der Ressourcendatei verknüpft. So kann schnell erkannt werden, ob die gewünschten Ressourcen noch freie Kapazitäten haben.

ⓘ	Ressourcenname	Arbeit	Projekt	Einzelheite	D	M	D
	Abschluss	0 Std.	FB1	Arbeit			
	Kick off	0 Std.	FB2	Arbeit			
	Fachgebiet E	0 Std.	FB2	Arbeit			
	Abschluss	0 Std.	FB2	Arbeit			
⚋	⊿ Peter Meier (BA)	72 Std.	Portfolio	Arbeit	24h	24h	24h
	Fachgebiet G	24 Std.	FB3	Arbeit	8h	8h	8h
	Fachgebiet A	24 Std.	FB1	Arbeit	8h	8h	8h
	Fachgebiet C	24 Std.	FB2	Arbeit	8h	8h	8h
⚋	⊿ Thomas Müller (BA)	72 Std.	Portfolio	Arbeit	24h	24h	24h
	Kick off	0 Std.	FB3	Arbeit	0h		
	Fachgebiet G	24 Std.	FB3	Arbeit	8h	8h	8h
	Fachgebiet C	24 Std.	FB1	Arbeit	8h	8h	8h
	Fachgebiet D	24 Std.	FB2	Arbeit	8h	8h	8h
⚋	⊿ Petra Werner (PMO)	48 Std.	Portfolio	Arbeit	16h	16h	16h
	Fachgebiet C	24 Std.	FB1	Arbeit	8h	8h	8h
	Fachgebiet D	24 Std.	FB2	Arbeit	8h	8h	8h
	⊿ Monika Schmitz (PMO)	24 Std.	Portfolio	Arbeit	8h	8h	8h
	Kick off	0 Std.	FB3	Arbeit	0h		
	Fachgebiet C	24 Std.	FB2	Arbeit	8h	8h	8h
				Arbeit			

NOTIZEN, ANMERKUNGEN:

Bei der dritten Variante (Anlage eines Enterprise-Ressourcenpools in der Project Server Version) werden alle Unternehmensressourcen, seien es Mitarbeiter oder Material, in einem eigens hierfür vorgesehen Pool abgespeichert, der auch durch entsprechende Rechtevergabe für Einsicht und Nutzung von Ressourcendaten geschützt werden kann.

Projektbezogen können dann Ressourcen ausgewählt und zugeordnet werden. Neben der dezidierten Rechtevergabe ist ein weiterer Vorteil, das leichtere Handling gegenüber der Variante zwei (Ressourcenpool). Die Nutzung des Enterprises-Ressourcenpools setzt eine entsprechende Installation von Microsoft Project Professional und Project Server voraus.

Im Folgenden betrachten wir die erste Variante (projektbezogen).

7.2 PROJEKTBEZOGEN RESSOURCEN ERFASSEN UND VERWALTEN

Die Ansicht „**Ressource/Tabelle**" dient der Erfassung von Ressourcen. Sie rufen diese auf, in dem Sie ganz links im Fenster die rechte Maustaste anklicken. Dann werden die verfügbaren Ansichten angezeigt.

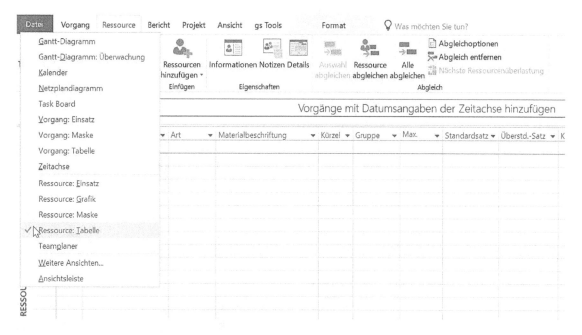

Alternativ über den Menüpunkt „**Ansicht/Ressource Tabelle**" wählen.

In der dann angezeigten Tabelle müssen die Ressourcen jetzt erfasst werden, alternativ past and copy aus einer anderen Anwendung oder Excel Import.

NOTIZEN, ANMERKUNGEN:

Der Ressourcenname wird in der entsprechenden Spalte eingetragen, Aufbau Vor-/Nachname entsprechend den Unternehmensrichtlinien. Die Ressourcennamen werden in verschiedenen anderen Ansichten verwendet, also Klartext oder eineindeutige Bezeichnungen/Kürzel sind empfohlen.

Microsoft Project kann zwischen 3 verschiedenen Ressourcenarten unterscheiden (wichtig für Auswertungen, Gruppierungen, Filter …). Klassische **Arbeitsressourcen** in Form von Personen sollten als Arbeit eingetragen werden.

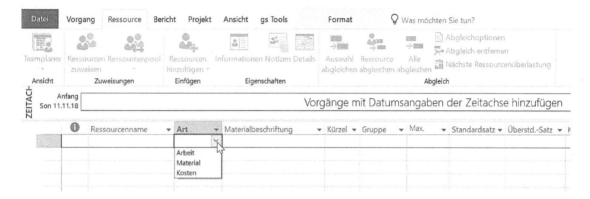

Die Auswahl „**Materialressourcen**" bietet sich an, wenn es sich um Ressourcen handelt, die nicht unbedingt über Stunden abgerechnet werden, sondern nach Einheiten. Wie z. B. Material wie Sand, einmalige Mieten für Räume oder Maschinen, Personal das pauschal bezahlt wird.

Ressourcenname	Art	Materialbeschriftung	Kürzel	Kosten/Einsatz
Benzin f. Baustelle	Material	Liter	BZ	1,50 €

Über „**Kostenressourcen**" können Kosten pro Vorgang definiert werden, wie z. B. Reisekosten, Bewirtungskosten, also Kosten die pro Vorgang unterschiedlich sein können.

Ressourcenname	Art	Materialbeschriftung	Kürzel	Grupp
Reisekosten	Kosten		RK	
Bewirtung	Kosten		BW	

Die Möglichkeiten zur Auswertung und Konsolidierung werden unter Kapitel 8 Kostenmanagement beschrieben.

NOTIZEN, ANMERKUNGEN:

Die Spalte „**Materialbeschriftung**" dient zur Klassifizierung des jeweiligen Materials. Hier können Einheitswerte wie cbm, Liter o. ä. eingetragen werden, die dann an der jeweiligen Materialressource ausgewiesen werden.

In der Spalte „**Kürzel**" können Namenskürzel verwendet werden, die später als Alternative für den vollständigen Ressourcennamen dienen (Balkenbeschriftungen o. ä.) Werden keine Kürzel eingetragen, so verwendet Microsoft Project automatisch den ersten Buchstaben vom Namen.

In der Spalte „**Gruppe**" können die Ressourcen verschiedenen Ressourcengruppen (eigene Angaben notwendig) zugeordnet werden, wie intern/extern, Abteilungen, Projektteams ... Um einen konsistenten Datenbestand zu erreichen, empfiehlt sich jedoch die Erfassung über ein benutzerdefiniertes Feld mit Auswahlmöglichkeiten (s. Kapitel 11).

Über die Spalte „**Max. Einh.**" wird die max. Verfügbarkeit der Ressource dokumentiert, im Allgemeinen wird hier mit 100 % gerechnet (= volle Arbeitszeit). Ist die Person nur zur Hälfte für dieses Projekt freigestellt oder handelt es sich um eine Halbtagskraft, wird dies hier mit der Eingabe von 50 % hinterlegt (im Dezimalmodus 0,5, änderbar unter Optionen).

Erfassen Sie den „**Standardsatz**" sowie den „**Überstundensatz**", wenn eine Kostenplanung erfolgen soll. Wenn Sie eine Zahl eingeben, wird dies automatisch als Stundensatz interpretiert. Wenn Sie einen Tagessatz erfassen möchten, geben Sie ihn in der Form „Tagessatz/t" ein (Beispiel: 600 €/t).

In der Spalte „**Kosten/Einsatz**" können einerseits einmalige Kosten für Arbeitsressourcen eingetragen werden (pauschale Reisekosten oder andere einmalige Kosten, die zusätzlich zu den geleisteten Arbeitsstunden berechnet werden). Ebenfalls in diesem Feld werden die Kosten für die Kostenart „**Material**" eingetragen, die dann, unabhängig von den geleisteten Einheiten, einmalig als Kosten pro Einsatz angerechnet werden.

Bei Bedarf erfassen Sie das Feld „**Code**". Das Feld Code kann zur Erfassung der Kostenstelle verwandt werden.

Es können weitere Informationen zur Ressource im dazugehörigen Fenster „**Informationen zur Ressource**" erfasst werden. Sie rufen dieses Fenster über einen Doppelklick auf die Ressourcenzeile auf oder über die Schaltfläche „**Informationen zur Ressource**" in der Symbolleiste.

Informationen

NOTIZEN, ANMERKUNGEN:

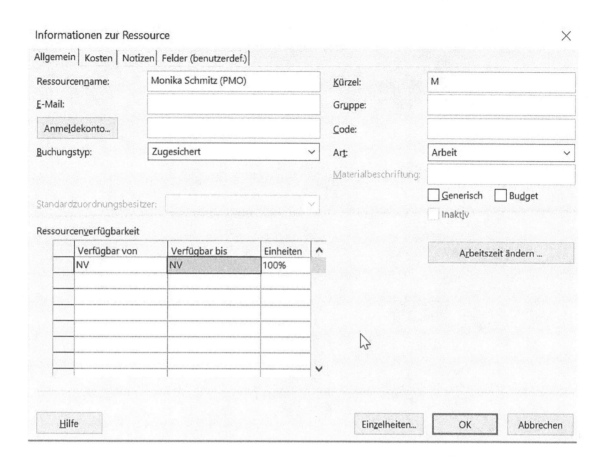

Zu den weiteren Informationen, die Sie in dem Fenster „**Informationen zur Ressource**" erfassen können, gehört das Feld „**E-Mail**". Wenn dieses ausgefüllt wird, können Projektinformationen zwischen den Projektmitgliedern über die Arbeitsgruppenfunktion von Microsoft Project ausgetauscht werden (Voraussetzung ist ein entsprechend eingerichteter Mailserver wie Exchange o. ä.)

In diesem Fenster wird auch die „**Verfügbarkeit der Ressource**" eingetragen bzw. die Einschränkungen durch Urlaub o. ä. Die individuelle Arbeitszeit pro Ressource wird hier über „**Arbeitszeit ändern**" eingestellt, ebenso wie das Merkmal „**Budget**"-Ressource.

Mit **Generische** Ressourcen werden Ressourcen geplant deren exakte personelle Besetzung erst später festgelegt wird. Für die erste Planung werden 10 Entwickler als generische Ressource geplant, die dann eingesetzten Personen werden erst später namentlich benannt.

NOTIZEN, ANMERKUNGEN:

7.2.1 RESSOURCEN VORGÄNGEN ZUORDNEN

Mit der Zuordnung der Ressourcen zu einem Vorgang wird festgelegt, welche Ressource welche Aufgaben durchführt bzw. welches Material benötigt wird. Hier wird auch festgelegt, mit welcher prozentualen Auslastung (Arbeit) die Person an dieser Aufgabe beteiligt ist.

Für die Zuordnung der Ressourcen können unterschiedliche Wege in Microsoft Project verwandt werden. Die optimale Zuordnungsform erfolgt über den Menüpunkt **„Ressource/Ressource zuordnen"**. Ein Fenster mit den verfügbaren Ressourcen öffnet sich, alle in der Ressourcentabelle eingepflegten Ressourcen werden hier angezeigt.

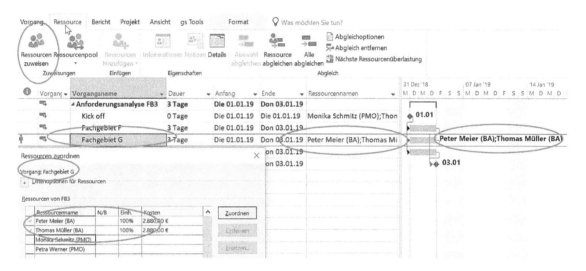

Dann wird der Vorgang, der eine Ressourcenzuordnung erhalten soll, markiert. In dem Fenster **„Ressourcen zuordnen"** wird jetzt die gewünschte Ressource ausgewählt, indem unter „**Einh.**" (Einheit) der erforderliche Anteil der Ressource in % mittels drop-down Auswahl eingestellt wird. Ein Mausklick in ein anderes Feld oder der Button **„Zuordnen"** weist die Ressource dem ausgewählten Vorgang zu und die für diesen Vorgang entstandenen Kosten. Erkennbar an den Ressourcennamen hinter dem jeweiligen Balken im Gantt-Diagramm (Werte abweichend 100 % werden angezeigt, kein Prozentwert = 100 % Zuordnung).

Die dem Vorgang zugeordneten Ressourcen stehen immer ganz oben in der Auswahlliste zusätzlich wird die Ressourcenzuordnung in der entsprechenden Spalte in der **„Tabelle Eingabe"** angezeigt.

NOTIZEN, ANMERKUNGEN:

Die durch die Ressourcenzuordnung entstandenen Kosten werden in der „**Tabelle Kosten**" berechnet,

ebenso die entstandene Arbeit in der „**Tabelle Arbeit**".

In den Sammelvorgängen erfolgt eine Aufsummierung der untergeordneten Teilvorgänge.

In dem Menüpunkt „**Berichte**" werden diese Werte ebenfalls benutzt, um die Kosten im Projektverlauf oder aufgeteilt nach den verschiedenen Kostenarten auszuwerten.

NOTIZEN, ANMERKUNGEN:

7.2.2 ANSICHT RESSOURCE EINSATZ

Detaillierte Informationen zu der Ressourcenzuordnung erhält man über die Ansicht „**Ressource Einsatz**". Hier liegt der Fokus mit Blick von der Ressourcenseite. Jede verplante Ressource wird hier mit den jeweiligen Vorgängen im Detail angezeigt. Hier kann jetzt eine Feinplanung pro Tag vorgenommen werden, um ggf. kleine Überlastungen auszugleichen.

Setzt man noch einen Haken in das Kästchen „**Details**" und wählt dort den Punkt „**Gantt-Diagramm**" aus, erhält man ein individuelles Balkendiagramm je nach markierter Ressource.

Über die Detailansicht „**Vorgang Einsatz**" können die Arbeitsstunden und die generelle Zuordnung zu einem Vorgang geändert werden.

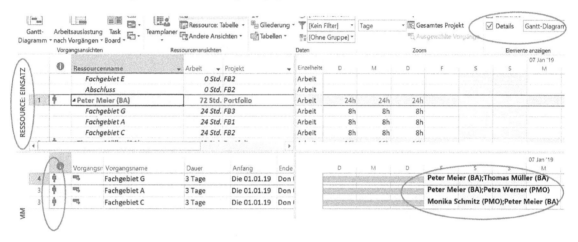

Microsoft Project lässt die Zuordnung von Ressourcen zu neuen Vorgängen stets zu, auch wenn die Ressourcen bereits überlastet sind oder durch die neue Zuordnung Überlastungen eintreten.

Microsoft Project zeigt bei Kapazitätsüberschreitungen der Ressourcen jedoch an, wo die Überlastungen liegen (Ressource in roter Schrift und Symbol in der Indikatorenspalte), so dass Sie Änderungen der Zuordnungen vornehmen können. Alternativ können Sie auch die Funktion Kapazitätsabgleich nutzen. Der Kapazitätsabgleich bewirkt eine zeitliche Verschiebung von Vorgängen unter Berücksichtigung der Nebenbedingungen (z. B. Prioritäten), so dass Ressourcen entlastet werden.

N OTIZEN, A NMERKUNGEN:

Bei der Zuordnung von Ressourcen in Microsoft Project ist zu unterscheiden zwischen der ersten Zuordnung von Ressourcen zu einem Vorgang und den späteren Zuordnungen. Falls einem Vorgang noch keine Ressourcen zugeordnet sind, errechnet Microsoft Project bei der ersten Zuordnung der Ressourcen stets den Gesamtaufwand nach folgender Formel:

Arbeit = Dauer * Einheiten * 8 Stunden/Tag

Bei weiteren Ressourcenzuordnungen (oder Wegnahmen) sind die Veränderungen bei Dauer und Arbeit abhängig von den definierten Vorgangsarten sowie der Eigenschaft Leistungssteuerung (mehr Erläuterungen dazu im nächsten Unterkapitel - Vorgangsarten).

Vorgangsarten sowie auch Leistungssteuerung spiegeln unterschiedliche situative Arbeitsweisen wieder. Beispiele: Wenn bei einem Produktivvorgang, wie zum Beispiel Mauern ein weiterer Maurer hinzukommt, bleibt im Allgemeinen der Arbeitsaufwand gleich und die Dauer für den Vorgang verkürzt sich. Wenn bei einem 5tägigen Software-Test ein weiterer Tester hinzugenommen wird, wird meist die Qualität besser, weil mit mehr Aufwand ein qualitativ besseres Ergebnis erreicht wird. Die Dauer bleibt folglich gleich, der Gesamtaufwand erhöht sich demzufolge.

7.2.3   Vorgangsarten und Leistungssteuerung

Vorgangsarten und Leistungssteuerung definieren, wie sich bei Veränderung einer der Parameter Dauer, Arbeit oder Ressourceneinheit, sich die anderen Parameter verändern. Die Veränderungen sind situativ. Eine Veränderung der Vorgangsart zu einem Vorgang kann daher mehrfach im Projekt notwendig werden.

Es gibt drei Vorgangsarten in Microsoft Project:

- Feste Einheiten
- Feste Dauer
- Feste Arbeit

In der Standardeinstellung von Microsoft Project werden neue Vorgänge auf die Vorgangsart **„Feste Einheiten leistungsgesteuert"** eingestellt. Die aktuelle Voreinstellung ist abhängig von den Vorgaben in der global.mpt, unter „**Extras/Optionen/Terminplan**" zu erkennen und anzupassen.

NOTIZEN, ANMERKUNGEN:

Feste Einheiten, leistungsgesteuert

Einem Vorgang sind bereits Ressourcen zugeordnet, nun wird eine weitere Ressource zugeordnet. Der prozentuale Anteil der Zuordnung zum Vorgang bleibt unverändert, die Dauer des Vorganges verringert sich entsprechend.

Beispiel:

Um ein Benutzerhandbuch zu erstellen, benötigen zwei Mitarbeiter mit voller Arbeitskraft (100 %) 9 Tage. Nach der Formel für Arbeit ergibt sich hieraus:

$$9 \text{ Tagen Dauer} \times 200\% \text{ Einheiten} \times 8 \text{ Std./Tag} = 144 \text{ Stunden Arbeit}$$

Jeder Mitarbeiter arbeitet folglich 72 Stunden.

Wird ein weiterer Mitarbeiter hinzugefügt, werden diese Stunden Arbeit auf alle drei prozentual verteilt. Jeder arbeitet mit 100 % seiner Arbeitskraft nur noch 48 Stunden daran. Die Arbeit wird in 6 Tagen erledigt sein.

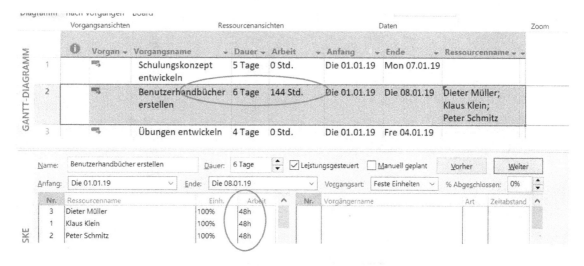

NOTIZEN, ANMERKUNGEN:

Feste Einheiten, nicht leistungsgesteuert

Es kann in einem Projekt auch Situationen geben, die einerseits zur Kategorie „Feste Einheit" gehören, jedoch nicht leistungsgesteuert sind.

Beispiel:

Sie haben zu einer besonderen Problemstellung eine Expertenrunde geplant. Mit der Zuordnung eines weiteren Experten wird die Problematik noch gründlicher erörtert und andere Aspekte betrachtet, jedoch verkürzt sich hierdurch nicht die Dauer. Natürlich erhöht sich durch die Zunahme des weiteren Experten der (Arbeits-) Aufwand.

Das Deaktivieren oder Aktiveren der Leistungssteuerung kann, wie in dem folgenden Szenario beschrieben, auch vorübergehend notwendig werden.

Wenn in dem Beispiel zur Handbucherstellung zu den drei Mitarbeitern ein Koordinator mit einem Viertel der vollen Arbeitszeit zugewiesen wird, dann führt dieser zwar auch Arbeiten aus, unterstützt die beiden Mitarbeiter aber nicht direkt in ihren Arbeiten. Daher sollte vor der Zuordnung des Koordinators die Funktion „**Leistungsgesteuert**" deaktiviert werden. Microsoft Project rechnet jetzt den Arbeitsumfang des Koordinators hinzu, so dass der Gesamtarbeitsumfang sich um 12 Stunden erhöht. Die Vorgangsdauer beträgt unverändert 6 Tage.

NOTIZEN, ANMERKUNGEN:

Feste Dauer, leistungsgesteuert

Bei der Einstellung feste Dauer bleibt die Dauer des Vorgangs unverändert, Sie können die Einheiten des Vorgangs oder den Aufwand (Arbeit) ändern. Der jeweils andere Wert wird dann neu berechnet.

Beispiel:

Drei Mitarbeiter testen zwei Tage lang eine neue Software nach vorgegebenen Testszenarien. Die Dauer ist als fester Zeitraum definiert.

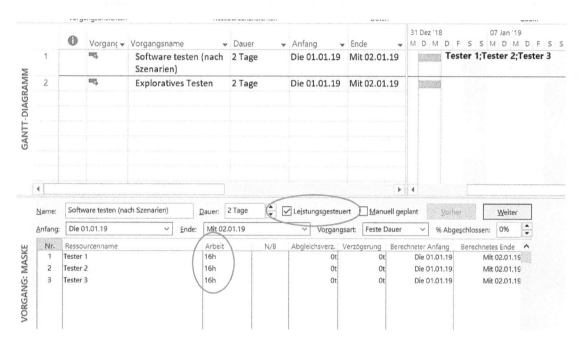

Kommt ein weiterer Mitarbeiter als Tester hinzu, dauert der Test aufgrund der definierten Dauer immer noch zwei Tage, jedoch sind die Tester in den beiden Tagen nicht mehr voll ausgelastet, da die Testszenarien eher abgearbeitet sind.

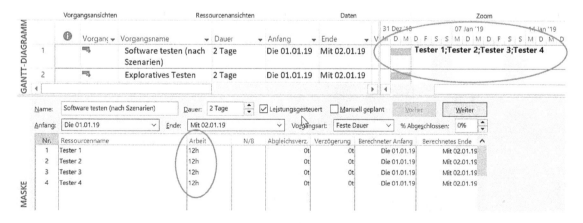

NOTIZEN, ANMERKUNGEN:

Feste Dauer, nicht leistungsgesteuert

Würde es sich bei dem Softwaretesten nicht um ein Testen nach definierten Szenarien handeln, sondern um ein freies Testen, würde bei der Hinzunahme eines weiteren Testers die Qualität des Ergebnisses besser werden. Der Arbeitsaufwand würde sich dann erhöhen, da die Testdauer nach wie vor für alle Tester zwei volle Arbeitstage umfasst.

Die Deaktivierung der Leistungssteuerung bewirkt, dass bei der Zuweisung einer weiteren Ressource der Arbeitsaufwand erhöht wird.

NOTIZEN, ANMERKUNGEN:

Feste Arbeit, leistungsgesteuert

Bei der Einstellung feste Arbeit bleibt die Arbeit unverändert, Sie können die Einheiten des Vorgangs oder den Wert für die Dauer ändern. Der jeweils andere Wert wird dann neu berechnet. Für diese Vorgangsart kann die Leistungssteuerung nicht deaktiviert werden.

Beispiel: 10 Mitarbeiter benötigen 20 Tage, um ein Haus zu verklinkern. Wenn Sie weitere Mitarbeiter hinzunehmen, verkürzt sich die Dauer.

Wie sich Vorgangsarten auf Ihren Zeitplan auswirken können:

Microsoft Project verwendet eine Planungsformel, die die drei Werte Arbeit, Dauer und Zuordnungseinheiten in Beziehung setzt: **Arbeit = Dauer x Einheiten**

Nachstehend finden Sie eine Tabelle mit einer Übersicht über alle veränderlichen Teile der Planungsformel:

Vorgangsart	Beim Ändern von Einheiten	Beim Ändern der Dauer	Beim Ändern der Arbeit
Vorgänge mit festen Einheiten	Die Dauer wird neu berechnet	Die Arbeit wird neu berechnet	Die Dauer wird neu berechnet
Vorgänge mit fester Arbeit	Die Dauer wird neu berechnet	Die Einheiten werden neu berechnet	Die Dauer wird neu berechnet
Vorgänge mit fester Dauer	Die Arbeit wird neu berechnet	Die Arbeit wird neu berechnet	Die Einheiten werden neu berechnet

NOTIZEN, ANMERKUNGEN:

7.3 TEAMPLANER

Eine weitere, sehr übersichtliche Möglichkeit Ressourcen zuzuordnen, ist über die Funktion „**Teamplaner**" möglich. Die Funktion ist unter dem Menüpunkt „**Ressource**" ganz links zu finden.

In dieser zweigeteilten Ansicht sind im oberen Bereich die Ressourcen und die ihnen zugeordneten Vorgänge angezeigt. Im unteren Bereich sind die noch nicht zugeordneten Vorgänge in Form eines Balkendiagramms dargestellt.

Man kann nun mit der linken Maustaste einen Vorgang vom unteren Bereich zu der entsprechenden Ressource hochziehen. Der Vorgang wird dann aus dem unteren Bereich entfernt.

Natürlich können auch mehrere Vorgänge einer Ressource zugewiesen werden, evtl. Überlastungen werden angezeigt indem der Ressourcenname „**rot**" eingefärbt ist und um die beiden überlappenden Vorgänge eine rote Klammer angezeigt wird.

NOTIZEN, ANMERKUNGEN:

7.4 KAPAZITÄTSABGLEICH

7.4.1 AUTOMATISCHER KAPAZITÄTSABGLEICH

Microsoft Project besitzt die Funktionalität „**automatischer Kapazitätsabgleich**", durch die Überlastungen von Ressourcen automatisch aufgehoben/neu geplant werden können. Dies ist für einzelne Ressourcen sowie alle Ressourcen des Projekts möglich.

Wenn z. B. zwei Vorgänge parallel laufen und beiden Vorgängen dieselbe Ressource zu 100 % zugeordnet wurde, ist diese Ressource überlastet. Der Beginn einer der beiden Vorgänge wird dann so lange verzögert/verschoben, bis die Ressource nicht mehr überlastet ist. In diesem Beispiel ist die Ressource Klaus Klein mit je 100 % zwei Vorgängen gleichzeitig zugewiesen (Schulungskonzept entwickeln und Benutzerhandbücher erstellen), die auch zeitgleich geplant sind. Die Überlastung wird in der Indikatorenspalte angezeigt.

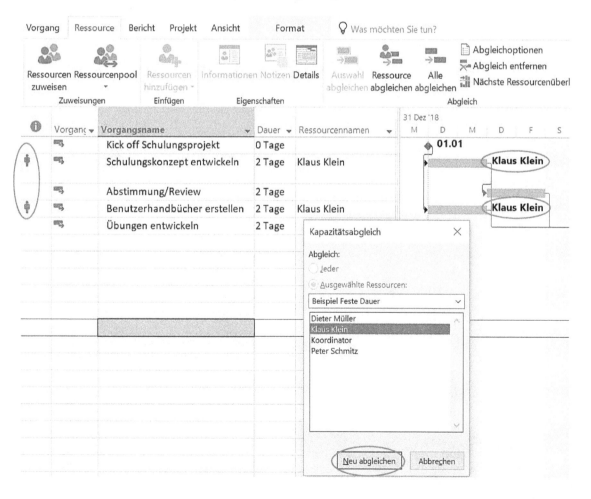

NOTIZEN, ANMERKUNGEN:

1. Auswahl Register Ressource

2. Auswahl „**Ressource abgleichen**" oder „**Alle abgleichen**". Vorher im Menüpunkt „**Abgleichoptionen**" die möglichen Einstellungen kontrollieren/anpassen! Z. B. Abgleich nur innerhalb der Pufferzeiten.

3. Falls mehrere Ressourcen überlastet sind, kann jetzt zwischen den Optionen „**Ausgewählte Ressourcen**" oder „**Jeder**", ausgewählt werden. Mit einem Mausklick auf „**Neu abgleichen**" führt Microsoft Project eine Neuplanung durch, um die überlastete Ressource so zu planen, dass die Überlastung aufgehoben wird.

NOTIZEN, ANMERKUNGEN:

Die Ressource Klaus Klein ist nicht mehr überlastet, da der zweite Vorgang so lange verzögert wurde, bis der erste Vorgang beendet ist. In diesem Beispiel konnte die Pufferzeit des Vorgangs genutzt und damit eine Verzögerung des gesamten Projekts verhindert werden.

Wenn der Abgleich über das ganze Projekt vorgenommen würde, könnte dies zu vielen Terminkonflikten und damit verbundenen Meldungen führen. Daher sollte nur immer ein "überschaubarer" Zeitraum für einen Abgleich gewählt werden.

Es ist **nicht** empfehlenswert, die Funktion „**automatischer Kapazitätsabgleich**" auszuwählen. Da dies eine Programmvoreinstellung ist, wirkt sich die Funktion auf jede Eingabe aus, die Sie tätigen. Nach jeder Eingabe, die eine Überlastung zur Folge hätte, würde wieder ein Abgleich ausgeführt. Hierdurch würden permanent Vorgänge verschoben.

Über die Schaltfläche „**Abgleich entfernen**" kann die durch den Kapazitätsabgleich bedingte Verzögerung/Veränderung am Projektplan schnell wieder entfernt werden. Damit wird wieder eine Überlastung der Ressource(n) entstehen und eine andere Lösung des Problems muss gesucht werden (z. B. manuelle Zuordnung einer anderen Ressource).

Notizen, Anmerkungen:

7.4.2   MANUELLER ABGLEICH

Nachdem auf die Überlastung der Ressource in der Ansicht „**Ressource Einsatz**" (s. u.) und im Balkendiagramm durch ein rotes Ressourcen Icon in der Informationsspalte hingewiesen wurde, kann auch mit der Filterfunktion über den Ressourcennamen im Balkendiagramm eine detaillierte Analyse der Überlastung durchgeführt werden.

		Abstimmung/Review	0 Std.	Arbeit			
		Übungen entwickeln	0 Std.	Arbeit			
1	👤	▲ Klaus Klein	32 Std.	Arbeit		16h	16h
		Schulungskonzept entwickeln	16 Std.	Arbeit		8h	8h
		Benutzerhandbücher erstellen	16 Std.	Arbeit		8h	8h
2		Peter Schmitz	0 Std.	Arbeit			
3		Dieter Müller	0 Std.	Arbeit			
4		Koordinator	0 Std.	Arbeit			
				Arbeit			
				Arbeit			
				Arbeit			
				Arbeit			
				Arbeit			

Über die Ansicht „**Ressource Einsatz**" werden die Ressourcen mit den zugeteilten Vorgängen angezeigt. Im rechten Bereich wird die Zuordnung tageweise ausgewiesen.

In diesem Fall ist die Ressource Klaus Klein an 2 Tagen überlastet (je 16 Stunden), da er an 2 Vorgängen gleichzeitig arbeitet. Einmal zu 100 % = 8 Stunden und in dem anderen Vorgang auch zu 100 % = 8 Stunden. Basierend auf dem Standardkalender werden Arbeitszeiten über 8 Stunden als Überlastung angezeigt.

Jetzt besteht die Möglichkeit, die Ressource tageweise abzugleichen indem die geplante Stundenanzahl manuell geändert wird, z. B. für jeden Vorgang nur 4 Stunden pro Tag. **Hinweis**: Minimale Überlastungen lassen sich so korrigieren. Bei der Änderung der Stundenanzahl wird die ursprünglich geplante Arbeit aber einfach nur weggenommen, also es fehlt die geplante Arbeit.

Alternativ könnte der Vorgang einer anderen Ressource zugewiesen werden, um die Überlastung aufzuheben. Um in diesem Beispiel die Möglichkeiten eines manuellen Abgleichs zu prüfen, betrachten wir uns über die Ansicht „**Balkendiagramm Gantt**" jetzt ausschließlich die Vorgänge zur Ressource Klaus Klein indem wir die Filterfunktion anwenden. Dies empfiehlt sich unbedingt bei großen Projekten und vielen verplanten Ressourcen.

NOTIZEN, ANMERKUNGEN:

Über die Filterfunktion im Menüpunkt „**Ansicht**" wählen Sie den Filter „**Benutzt Ressource**" und wählen anschließend die Ressource Klaus Klein aus dem drop-down Menü aus.

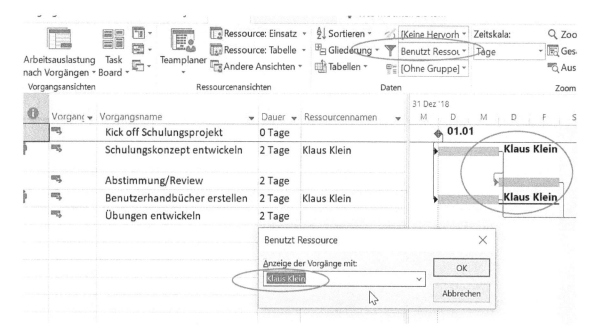

Jetzt werden übersichtlich nur noch die Klaus Klein betreffenden Vorgänge angezeigt. Der Projektleiter kann nun entsprechende Maßnahmen vornehmen. In diesem Fall ist eine Verschiebung eines Vorgangs möglich, da dieser Puffer hat. Dafür schiebt man den Vorgang mit gedrückter linker Maustaste so weit nach rechts, bis die Überlappung der Vorgänge aufgelöst ist. In einem automatisch öffnenden Fenster werden die entsprechenden Datumswerte zur Kontrolle angezeigt. Der Planungsassistent gibt die Empfehlung die bestehende Verknüpfung zu entfernen, warum?, hier die 2. Option wählen, also Verknüpfung beibehalten.

NOTIZEN, ANMERKUNGEN:

8 KOSTENMANAGEMENT

8.1 KOSTENARTEN

Mit den unterschiedlichen Kostenarten und Kostensätzen in Microsoft Project können verschiedenste Anforderungen abgebildet werden. Folgende Kostenvarianten lassen sich abbilden:

1. Arbeitsressourcen mit Kosten nach geleistetem Aufwand (zeitbezogen)

in Stunden (Standardsatz pro Tag, pro Woche, pro Monat). Abhängig von der Einsatzdauer werden die Kosten berechnet Standardkostensatz x Dauer (x Zuteilung). Wird auch für Material/Maschinen benötigt, die nach Stunden abgerechnet werden.

2. Arbeitsressourcen mit Kosten nach geleistetem Aufwand + einmaliger Betrag für Kosten pro Einsatz

wie unter 1., zusätzlich können einmalige Kosten (einmal pro Einsatz/Vorgang), z. B. für die Benutzung von eigenem Werkzeug dargestellt werden. d. h. Kosten nach Aufwand + Kosten pro Einsatz.

3. Arbeitsressourcen mit Kosten nur pro Einsatz (Vorgang),

z. B. der Handwerker oder Techniker hat einen Festpreis vereinbart, unabhängig von der Dauer und den geleisteten Arbeitsstunden.

4. Materialressourcen mit Kosten nach Verbrauch (bezogen auf Maßeinheit)

d. h., die Kosten werden nach der verbrauchten Menge berechnet, z. B. Liter Benzin, cbm Sand, unabhängig von der Dauer des Vorgangs.

5. Materialressourcen mit Kosten nach Verbrauch + einmaliger Betrag für Kosten Einsatz,

wie unter 4., zusätzlich können einmalige Kosten (einmal pro Einsatz/Vorgang) entstehen. Wasser wird nach Verbrauch cbm berechnet, aber einmalig ist eine Gebühr für eine extra montierte Wasseruhr zu bezahlen.

6. Materialkosten mit Kosten pro Einsatz,

d. h., für ein Gutachten ist ein einmaliger Betrag pro Vorgang zu leisten, unabhängig von der Dauer des Vorgangs und vom Aufwand für das Gutachten, alternativ als Arbeitsressource, dann würde der Gutachter nach geleistetem Aufwand abgerechnet.

NOTIZEN, ANMERKUNGEN:

7.   Feste Kosten (pro Vorgang oder pro Projekt)

Eine Eingabemöglichkeit um Kosten, die sich mit den bisher beschriebenen Kostenarten nicht zuweisen lassen, zu erfassen. Z. B. Fixkosten die nicht detailliert beschrieben werden müssen, wie Versicherungsprämien für eine Bauleistung in einem Vorgang. Feste Kosten können pro Vorgang erfasst werden oder auf Projektebene (in der Zeile Projektsammelvorgang), hier könnten alle Versicherungsprämien für das gesamte Projekt erfasst werden. WICHTIG, die Kosten werden auf Projektsammelvorgangsebene NICHT summiert, aber in den Gesamtkosten mitberücksichtigt.

8.   Kostenressourcen

Eine Kostenressource bietet eine Möglichkeit, einem Vorgang Kosten zuzuordnen, indem ein Kostenelement (z. B. ein Flugticket oder Unterkunft) einem Vorgang zugewiesen wird, aber die effektiven Kosten in jedem Vorgang unterschiedlich hoch sein können, wie z. B. Reisekosten. Daher hängt eine Kostenressource nicht vom Arbeitsumfang zu einem Vorgang oder von der Vorgangsdauer ab.

9.   Budgetressourcen

Über diese Kostenart können Budgetwerte für Arbeit, Material und Kosten auf Sammelvorgangsebene eingegeben werden. Diese Werte können dann mit den im Projekt aufgelaufenen Werten verglichen werden. Ein solcher Vergleich ist auch ohne Budgetressourcen über selbstdefinierte Felder möglich.

NOTIZEN, ANMERKUNGEN:

Nachfolgend wird an einem Beispiel die vollständige Abbildung aller Kostenarten dargestellt. Sowohl Personalressourcen, feste Kosten und variable Reisekosten werden berücksichtigt, ausgewertet, gegenübergestellt und grafisch angezeigt.

Als erstes werden die Ressourcen für die verschiedenen Ressourcenarten in der Maske **„Ansicht/Ressourcen Tabelle"** angelegt. Die Auswahl erfolgt über die Spalte **Art**. Für die Kostenressource werden hier keine Kosten eingegeben, da diese für jeden Vorgang unterschiedlich sein können und direkt bei der Zuordnung der Ressourcen erfasst werden (wird in Folge beschrieben).

Für die Zuordnung der Ressourcen zu den Vorgängen ist die **Ansicht Balkendiagramm/Gantt** erforderlich. Über den Menüpunkt Ressourcen, die **Ressourcenzuordnung** aufrufen und wie unter Kapitel 7.2.1 beschrieben, die Ressourcen pro Vorgang zuweisen.

NOTIZEN, ANMERKUNGEN:

Die Reisekosten werden dem verursachenden Vorgang (hier Probeschulung durchführen) zugewiesen und der Betrag (250,00 €) in der Spalte Kosten (Maske Ressourcen zuweisen) eingegeben. So können jedem Vorgang Reisekosten in unterschiedlicher Höhe zugewiesen werden. Mit einer so definierten Kostenressource können auch weitere Kostenarten mit ähnlicher Kostenzuordnung/-verursachung definiert werden.

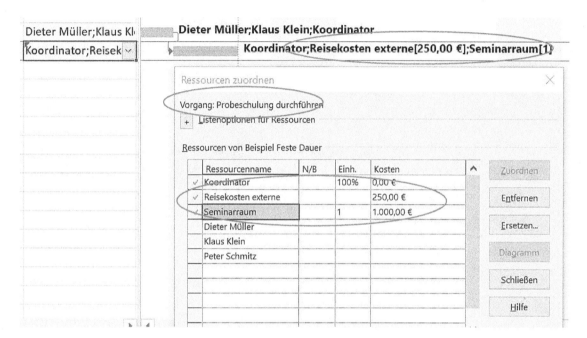

Die Miete für den Seminarraum (definiert als Material) wird als „Einmalige Kosten" = **Kosten pro Einsatz** (definiert in der Ansicht Ressource/Tabelle) ebenfalls dem Vorgang Probeschulung durchführen mit der Einheit 1 zugeordnet. Dieser Betrag wird später in Summe mit den Ressourcenkosten in einer Summe als Gesamtkosten ausgewiesen.

NOTIZEN, ANMERKUNGEN:

Dem Vorgang „Übungen entwickeln, wurden in die Ansicht noch 200,00 € feste Kosten zugeordnet (nur über diese Tabellenansicht möglich!) für die einmalige Unterstützung durch einen Grafiker. Feste Kosten werden **nicht** im Projektsammel-vorgang aufsummiert, aber in den Gesamtkosten mitberücksichtigt.

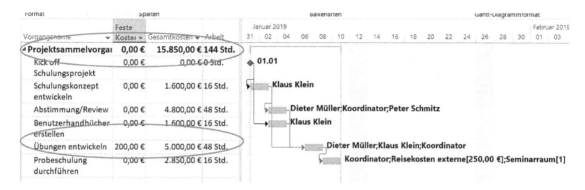

Über den Menüpunkt „**Ansicht/ Tabelle/Kosten**" (s. Screenshot) werden die Kos-ten pro Vorgang dargestellt. Pro Sammelvorgang wird eine Zwischensumme ge-bildet, wenn über **„Format"** der Projektsammelvorgang ausgewählt wurde, sind auch die Summen für das ganze Projekt dargestellt.

Erläuterung: die Gesamtkosten für den Vorgang Probeschulung durchführen setzt sich aus 1600,00 € für 16 Stunden Arbeit für die Ressource Koordinator (mit 100,00 € pro Stunde in der Tabelle Ressource definiert) + 1000,00 € Kosten/Einsatz für den Seminarraum + 250,00 € Reisekosten zusammen.

In den für das Projekt ausgewiesenen Gesamtkosten von 15.850,00 € sind die 200,00 € feste Kosten aus dem Vorgang „Übungen entwickeln" enthalten.

NOTIZEN, ANMERKUNGEN:

8.2   BERICHTSFUNKTIONEN

Microsoft Project verfügt mittlerweile über sehr gute Berichtsfunktionen, die eine weitere Bearbeitung über Excel oder Viso eigentlich überflüssig machen (s. a. Kapitel 13).

Hier ein Ausschnitt der generierten Ressourcenkostenübersicht. Beim Kostenstatus werden die Ist-Kosten (durch erledigte Arbeit) und die Restkosten ausgewiesen. Bei der Darstellung der Kostenverteilung sind die verschiedenen Kostenarten (Arbeit, Material, Kosten) berücksichtigt.

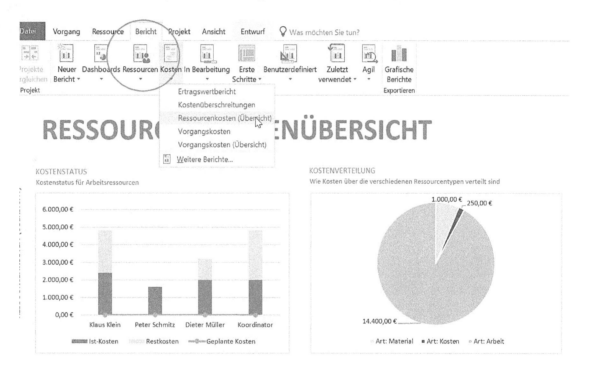

Alle Berichte können noch individuell angepasst werden, hinsichtlich Farben, Feldauswahl, Beschriftungen u. v. m.

Falls die Microsoft Project Version die agile Projektplanung unterstützt, sind auch hierfür schon vordefinierte Berichte vorhanden s. a. Kapitel 5.5.2.2

NOTIZEN, ANMERKUNGEN:

Über den Menüpunkt „**Berichte/Grafische Berichte**" besteht weiterhin die Möglichkeit vordefinierte Berichte nach Excel bzw. Visio zu exportieren. Voraussetzung ist min. Excel in der aktuellen Version (für andere Berichte auch Visio Professional in der aktuellen Version).

In Excel kann die automatisch generierte Grafik noch mit allen zur Verfügung stehenden Möglichkeiten formatiert und Datenreihen/Zeiträume ein- oder ausgeblendet werden.

NOTIZEN, ANMERKUNGEN:

Hier als Beispiel ein exportierter Bericht „**Zusammenfassung Ressourcenkosten**" in der Ansicht unter **Excel**.

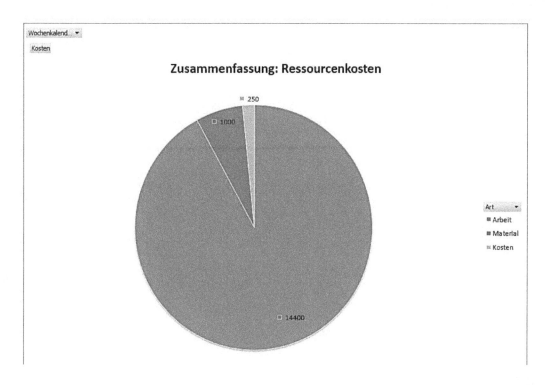

Eine komprimierte Übersicht aller Projektinformationen wird über den Menüpunkt „**Projekt/Projektinformationen/Statistik**" angezeigt.

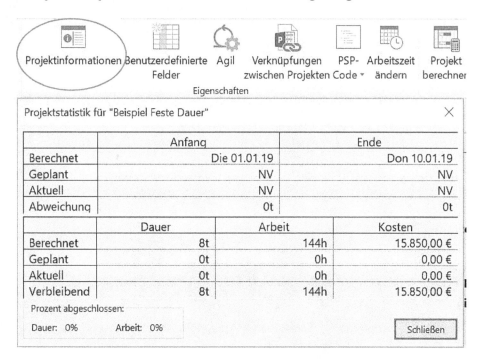

Notizen, Anmerkungen:

8.3   BUDGET-VERFOLGUNG

Microsoft Project bietet mit der Definition von Budgetressourcen die Möglichkeit Kosten und Arbeitsbudgets zu definieren und mit den aktuellen Werten zu vergleichen. Die Umsetzung über diesen Weg ist möglich, aber sehr kompliziert und aufwendig. Einfacher geht es mit selbstdefinierten Feldern, Formeln und Ampeldarstellungen.

Vorgangsname	Gesamtkosten	Budget f. Kosten in €	Abw. Ampel Kosten	Arbeit Gesamt	Budget f. Arbeit in Std.	Abw. Ampel Arbeit
▷ **Budgetformel**	102.030,00 €	100.030,00 €	☹	441 Std.	440	☹

Projektsammelvorgang, Detailvorgänge wurden ausgeblendet.

Grundsätzlich sollte man sich diese Budgetverfolgung auf Projektebene anzeigen lassen. Dafür muss ein sogenannter Projektsammelvorgang eingerichtet werden. Dies geschieht über den Menüpunkt **„Format"**, rechts im Menüband den Sammelvorgang aktivieren. Der Sammelvorgang wird immer als erster Vorgang im Projekt angezeigt und lässt sich auch nicht verschieben!

Zur Darstellung wurden einige neue, benutzerdefinierte Felder angelegt, die entsprechend benannt wurden. Hier in dem Beispiel:

- **Budget f. Kosten**, hier wird der festgelegte Budgewert für das Projekt eingetragen, kann auch mit einer dynamischen Verknüpfung aus Excel erstellt werden.
- **Verbr. Budget in %**, mit der Formel *„Iif([Budget f. Kosten in €] >0;[Kosten]*100/[Budget f. Kosten in €] ;0)"* berechnet Microsoft Project das verbrauchte Kostenbudget auf Grundlage der aktuellen Kosten. Mit der IIF Abfrage wird sichergestellt, dass die Berechnung nur bei einem eingetragenen Zahlenwert erfolgt, sonst erscheint ein Fehlerhinweis.

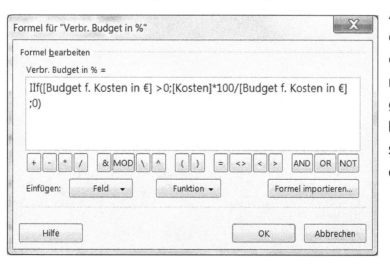

NOTIZEN, ANMERKUNGEN:

- **Abw. Ampel Kosten**, mit Hilfe des berechneten Wertes aus „**verbr. Budget in %**" wird anstatt der Datenanzeige die Anzeige von grafischen Symbolen mit definierten Ampeln ausgewählt. Als Basis wird die gleiche Formel wie auf der vorherigen Seite verwendet, allerdings muss bei **„Anzuzeigende Werte"** die Funktion **„Grafische Symbole"** ausgewählt werden.

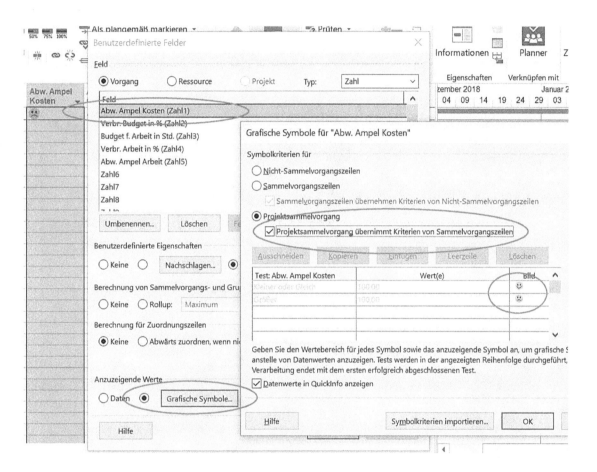

Hierbei ist unbedingt zu beachten, dass bei „Berechnung von Sammelvorgangs- und Gruppenkopfzeilen" die Funktion **„Formel verwenden"** markiert ist und bei den grafischen Symbolen Projektsammelvorgang - und die darunter liegende Auswahl Projektsammelvorgang übernimmt ...unbedingt zu markieren ist! In diesem Beispiel wurden wegen der s/w Darstellung Smileys anstatt farbiger Ampelsymbole benutzt.

Notizen, Anmerkungen:

- **Budget f. Arbeit in Std.,** hier wird das festgelegte Arbeitsbudget für das Projekt eingetragen, kann auch aus einer dynamischen Verknüpfung aus Excel erstellt werden.

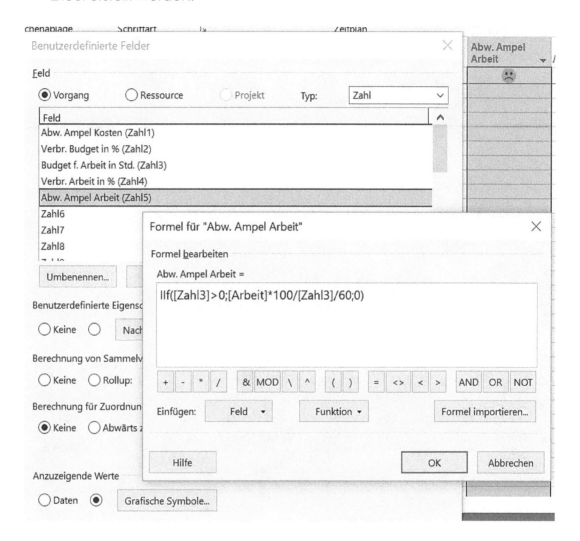

- **Verbr. Arbeit in %,** ähnlich wie beim Vergleich des Kostenbudgets wird auch hier eine Formel zur Berechnung des erreichten Prozentwerts eingetragen.
- **Abw. Ampel Arbeit,** die gleiche Formel wird verwendet um die Abweichung der Arbeit als Ampelfunktion darzustellen. Über ein entsprechend benutzerdefiniertes Feld wird anstelle der Datendarstellung die Darstellung über „**Grafische Symbole**" verwendet. Der in der Formel berechnete Wert muss durch „60" geteilt werden, da Project die Arbeit in Minuten speichert.

NOTIZEN, ANMERKUNGEN:

Nun kann das geplante Budget direkt auf Projektebene mit den tatsächlich entstandenen Kosten verglichen werden.

Alternativ zu der Ampeldarstellung können auch die effektiven Prozentwerte in einer Spalte angezeigt werden.

Weiteren Berechnungen auf Grundlage der o. a. Formeln sind kaum Grenzen gesetzt.

NOTIZEN, ANMERKUNGEN:

9   PROJEKT-/VORGANGSANSICHTEN

Informationen, die in Microsoft Project erfasst sind, können gezielt und nach definierten Kriterien ausgewählt und angezeigt werden. Mit diesen Funktionen ist es möglich ein laufendes Projekt zu kontrollieren und projektspezifisch auszuwerten/darzustellen. Die Methoden reichen von einfachen Filterfunktionen, über Gruppierungen bis hin zur Verwendung von variablen Feldern mit Ampelfunktionen.

9.1   FILTERFUNKTIONEN

Wie vielleicht schon aus Microsoft Excel oder Microsoft Access bekannt, kann auch in Microsoft Project der „**AutoFilter**" pro Spalte über das kleine Dreieck neben der Spaltenbeschriftung aktiviert werden. Hier am Beispiel des benutzerdefinierten Felds „**Verantwortlich**" mit den Möglichkeiten „**intern/extern**".

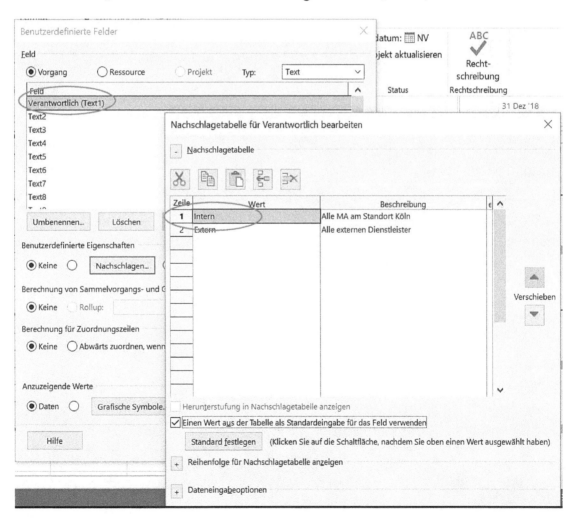

NOTIZEN, ANMERKUNGEN:

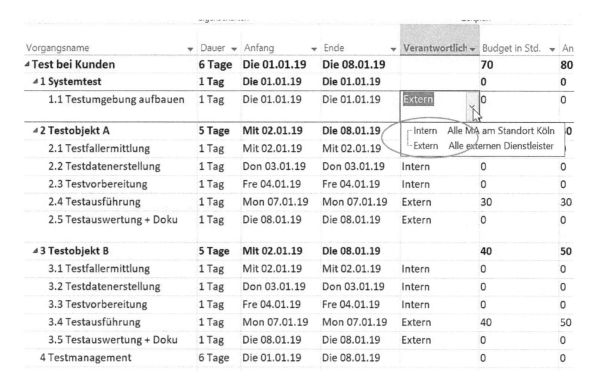

Vorgangsname	Dauer	Anfang	Ende	Verantwortlich	Budget in Std.	An
◢ Test bei Kunden	6 Tage	Die 01.01.19	Die 08.01.19		70	80
◢ 1 Systemtest	1 Tag	Die 01.01.19	Die 01.01.19		0	0
1.1 Testumgebung aufbauen	1 Tag	Die 01.01.19	Die 01.01.19	Extern	0	0
				Intern Alle MA am Standort Köln		0
◢ 2 Testobjekt A	5 Tage	Mit 02.01.19	Die 08.01.19	Extern Alle externen Dienstleister		
2.1 Testfallermittlung	1 Tag	Mit 02.01.19	Mit 02.01.19			
2.2 Testdatenerstellung	1 Tag	Don 03.01.19	Don 03.01.19	Intern	0	0
2.3 Testvorbereitung	1 Tag	Fre 04.01.19	Fre 04.01.19	Intern	0	0
2.4 Testausführung	1 Tag	Mon 07.01.19	Mon 07.01.19	Extern	30	30
2.5 Testauswertung + Doku	1 Tag	Die 08.01.19	Die 08.01.19	Extern	0	0
◢ 3 Testobjekt B	5 Tage	Mit 02.01.19	Die 08.01.19		40	50
3.1 Testfallermittlung	1 Tag	Mit 02.01.19	Mit 02.01.19	Intern	0	0
3.2 Testdatenerstellung	1 Tag	Don 03.01.19	Don 03.01.19	Intern	0	0
3.3 Testvorbereitung	1 Tag	Fre 04.01.19	Fre 04.01.19	Intern	0	0
3.4 Testausführung	1 Tag	Mon 07.01.19	Mon 07.01.19	Extern	40	50
3.5 Testauswertung + Doku	1 Tag	Die 08.01.19	Die 08.01.19	Extern	0	0
4 Testmanagement	6 Tage	Die 01.01.19	Die 08.01.19		0	0

Den Vorgängen wurden mittels der benutzerdefinierten Spalte „**Verantwortlich**"
die jeweiligen Attribute zugewiesen.

Anschließend kann über die Autofilterfunktion eine Auswahl nach Vorgängen mit
interner oder externer Verantwortlichkeit erfolgen. Alle anderen Vorgänge werden ausgeblendet.

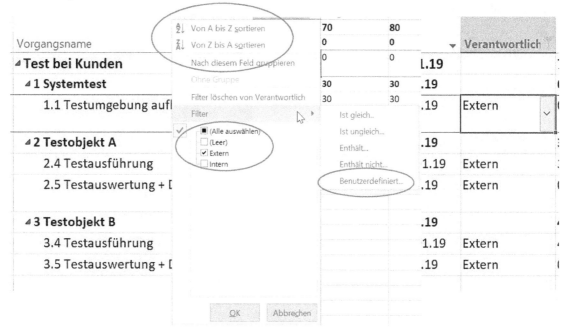

NOTIZEN, ANMERKUNGEN:

Über diese Funktion kann auch die Sortierung und Gruppierungsmöglichkeit auf Basis dieser Spalte aktiviert werden. Individuelle Filter können über den Eintrag **„Benutzerdefiniert"** erstellt werden.

Weitere vordefinierte Filter sind in dem Menüpunkt **„Ansicht"** verfügbar. Hier werden auch die AutoFilter ggf. ein- oder ausgeschaltet.

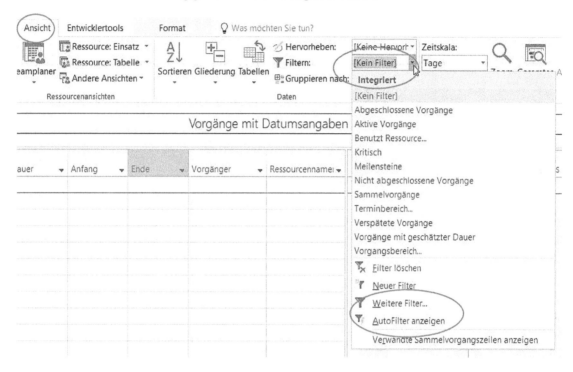

NOTIZEN, ANMERKUNGEN:

9.2   GRUPPIEREN

Die Funktion „**Gruppieren**" dient der schnellen Zusammenfassung und übersichtlichen Darstellung für projektspezifische Ansichten/Auswertungen anhand bestimmter Spaltenattribute wie z. B. Kritisch ja/nein, Meilenstein, Priorität u. v. m.

Die Gruppierungsfunktion ist unter dem Menüpunkt „**Ansicht**" zu finden, oder direkt über die jeweilige Spalte durch Mausklick auf das „**Dreieck**" im Spaltentitel.

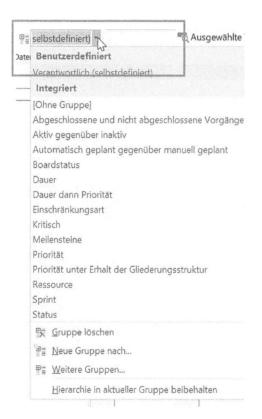

Neben den integrierten (voreingestellten) Filtern, die bearbeitet/geändert werden können, besteht auch die Möglichkeit eigene Gruppierungen anzulegen, die dann auch im Menü zur Auswahl stehen.

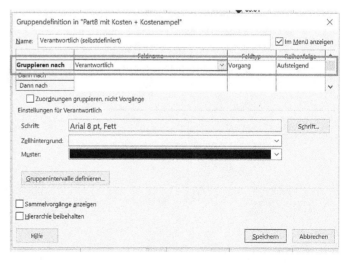

NOTIZEN, ANMERKUNGEN:

Hier wurde über das benutzerdefinierte Feld „**Verantwortlich**" gruppiert. Je nach Tabelle werden die Werte, wie Kosten oder Arbeit für Gruppen aufsummiert. Mit benutzerdefinierten Feldern lassen sich jetzt noch spezifische Berechnungen, wie z. B. die prozentuale Verteilung berechnen und anzeigen.

Vorgangsname	Gesamtkosten	Arbeit	Verantwortlich
◢ **Ohne Wert**	**0,00 €**	**0 Std.**	
Erteilung des Auftrags	0,00 €	0 Std.	
Feierliche Eröffnung	0,00 €	0 Std.	
◢ **extern**	**36.400,00 €**	**280 Std.**	
Seminarkonzeption	19.200,00 €	160 Std.	extern
Präsentation u. Freigabe	0,00 €	0 Std.	extern
Einweisung i.d. Telefonanlage	0,00 €	0 Std.	extern
DV-Technik u. Software installieren	0,00 €	0 Std.	extern
Schulung Standardsoftware	11.000,00 €	80 Std.	extern
Einweisung Buchungssoftware	6.200,00 €	40 Std.	extern
◢ **intern**	**53.446,00 €**	**236,8 Std.**	
Planung d.Technik u.DV	17.760,00 €	104 Std.	intern
Auswahl der DV	1.536,00 €	12,8 Std.	intern
Auswahl Telefonanlage	6.720,00 €	56 Std.	intern
Telefonanlage installieren	24.680,00 €	64 Std.	intern
Vorbereitung d. Einweihung	2.750,00 €	0 Std.	intern

Auch die Gruppierung nach „Meilensteinen" ist mit der beschriebenen Filterfunktion möglich, doch sieht man hier noch die Verknüpfung zu den Vorgängern und Nachfolgern. Die Filterfunktion ist für eine Meilensteinübersicht evtl. besser anzuwenden.

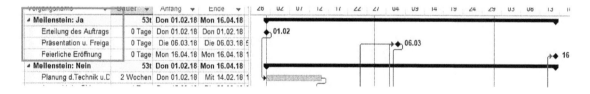

NOTIZEN, ANMERKUNGEN:

9.3 HERVORHEBEN DES ZELLENHINTERGRUNDS

Eine schnelle Möglichkeit besondere Informationen kenntlich zu machen bietet die Funktion „**Hervorheben des Zellenhintergrunds**". Zu finden unter dem Menüpunkt „**Format/Textarten**".

Hierüber können z. B. die Vorgänge, die auf dem kritischen Weg liegen, besonders markiert werden.

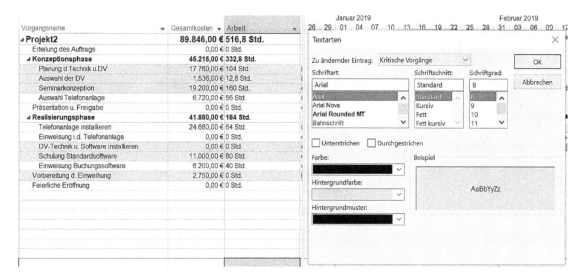

Die zu ändernden Einträge können aus dem drop-down Menü ausgewählt werden. Dann kann eine Hervorhebung über eine andere Schriftart/stil und/oder -größe erfolgen. Weiterhin können die entsprechenden Zellen mit einer Hintergrundfarbe und/oder einem Hintergrundmuster versehen werden.

Zusammen mit einer Formatierung der Balken lässt sich ein individuelles Gantt-Chart mit Anzeige der kritischen Aktivitäten im Tabellen- und Kalenderteil realisieren.

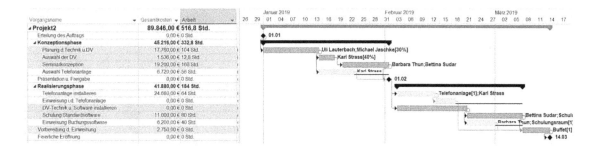

NOTIZEN, ANMERKUNGEN:

10 PROJEKTKONTROLLE/-ÜBERWACHUNG

Zu den Aufgaben des Projektmanagers beim Überwachen eines Projektes gehören:

- Den Fortschritt des Projekts überwachen
- Aktuelle Informationen zum Projekt eingeben
- Soll/Ist-Vergleiche zu erstellen
- und daraus Änderungen im Projekt und deren Auswirkung zu analysieren

10.1 BASISPLAN SPEICHERN

Als erste Aktion sollte mit der Funktion „**Basisplan festlegen**" unter dem Menüpunkt „**Projekt**", der aktuelle Terminplan als Referenzplan für einen Soll/Ist-Vergleich abgespeichert werden. Dies ist Voraussetzung um in laufenden Projekten einen Vergleich mit der ursprünglichen Planung zu erreichen.

10.1.1 PLANWERTE FESTHALTEN (BASISPLAN SPEICHERN)

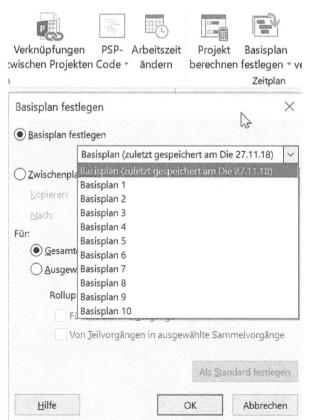

Insgesamt können bis zu 10 Basispläne abgespeichert werden, um eine Kontrolle über einen längeren Zeitraum zu ermöglichen. Der Basisplan kann für das ganze Projekt, als auch nur für bestimmte Vorgänge abgespeichert werden. Nach Speicherung wird der Basisplan um das Speicherdatum ergänzt.

Bei der Speicherung eines Basisplans speichert Microsoft Project u. a. die Feldinhalte aus den Feldern Anfang, Ende und Dauer in die Felder „**Geplanter Anfang**", „**Geplantes Ende**" und „**Geplante Dauer**".

NOTIZEN, ANMERKUNGEN:

10.1.2 PLAN- UND IST-WERTE TABELLARISCH VERGLEICHEN

Die Auswirkung beim Speichern des Basisplans wird sichtbar, wenn in der Ansicht **„Balkendiagramm (Gantt)"** die Tabelle **„Abweichung"** aufgerufen wird.

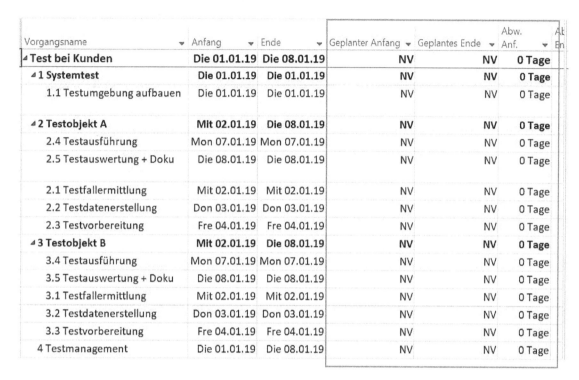

Vorgangsname	Anfang	Ende	Geplanter Anfang	Geplantes Ende	Abw. Anf.	Ab En
⊿ **Test bei Kunden**	**Die 01.01.19**	**Die 08.01.19**	**NV**	**NV**	**0 Tage**	
⊿ **1 Systemtest**	**Die 01.01.19**	**Die 01.01.19**	**NV**	**NV**	**0 Tage**	
1.1 Testumgebung aufbauen	Die 01.01.19	Die 01.01.19	NV	NV	0 Tage	
⊿ **2 Testobjekt A**	**Mit 02.01.19**	**Die 08.01.19**	**NV**	**NV**	**0 Tage**	
2.4 Testausführung	Mon 07.01.19	Mon 07.01.19	NV	NV	0 Tage	
2.5 Testauswertung + Doku	Die 08.01.19	Die 08.01.19	NV	NV	0 Tage	
2.1 Testfallermittlung	Mit 02.01.19	Mit 02.01.19	NV	NV	0 Tage	
2.2 Testdatenerstellung	Don 03.01.19	Don 03.01.19	NV	NV	0 Tage	
2.3 Testvorbereitung	Fre 04.01.19	Fre 04.01.19	NV	NV	0 Tage	
⊿ **3 Testobjekt B**	**Mit 02.01.19**	**Die 08.01.19**	**NV**	**NV**	**0 Tage**	
3.4 Testausführung	Mon 07.01.19	Mon 07.01.19	NV	NV	0 Tage	
3.5 Testauswertung + Doku	Die 08.01.19	Die 08.01.19	NV	NV	0 Tage	
3.1 Testfallermittlung	Mit 02.01.19	Mit 02.01.19	NV	NV	0 Tage	
3.2 Testdatenerstellung	Don 03.01.19	Don 03.01.19	NV	NV	0 Tage	
3.3 Testvorbereitung	Fre 04.01.19	Fre 04.01.19	NV	NV	0 Tage	
4 Testmanagement	Die 01.01.19	Die 08.01.19	NV	NV	0 Tage	

Die Felder **„Geplanter Anfang"** und **„Geplantes Ende"** sind vor dem Speichern des Basisplans mit den Buchstaben **NV** (**N**icht **V**erfügbar) gefüllt.

Nach Festlegen (speichern) des Basisplans stehen dort erstmal die gleichen Werte wie in Anfang und Ende, da ja noch keine Abweichungen erfolgt sind.

Vorgangsname	Anfang	Ende	Geplanter Anfang	Geplantes Ende	Abw. Anf.	A Er
⊿ **Test bei Kunden**	**Die 01.01.19**	**Die 08.01.19**	**Die 01.01.19**	**Die 08.01.19**	**0 Tage**	
⊿ **1 Systemtest**	**Die 01.01.19**	**Die 01.01.19**	**Die 01.01.19**	**Die 01.01.19**	**0 Tage**	
1.1 Testumgebung aufbauen	Die 01.01.19	Die 01.01.19	Die 01.01.19	Die 01.01.19	0 Tage	
⊿ **2 Testobjekt A**	**Mit 02.01.19**	**Die 08.01.19**	**Mit 02.01.19**	**Die 08.01.19**	**0 Tage**	
2.4 Testausführung	Mon 07.01.19	Mon 07.01.19	Mon 07.01.19	Mon 07.01.19	0 Tage	
2.5 Testauswertung + Doku	Die 08.01.19	Die 08.01.19	Die 08.01.19	Die 08.01.19	0 Tage	
2.1 Testfallermittlung	Mit 02.01.19	Mit 02.01.19	Mit 02.01.19	Mit 02.01.19	0 Tage	
2.2 Testdatenerstellung	Don 03.01.19	Don 03.01.19	Don 03.01.19	Don 03.01.19	0 Tage	
2.3 Testvorbereitung	Fre 04.01.19	Fre 04.01.19	Fre 04.01.19	Fre 04.01.19	0 Tage	

NOTIZEN, ANMERKUNGEN:

Ändert sich jetzt aufgrund der aktuellen Projektplanung z. B. die Dauer eines Vorgangs, zeigt die Tabelle sofort die Abweichungen an. In der Tabelle unten verlängert sich der Vorgang **„Testdatenerstellung"** um 3 Tage. Beim **Anfang** führt dies nicht zu einer Abweichung, aber natürlich aufgrund der längeren Dauer beim **Ende**. Die Spalte **„Abw. Ende"** zeigt demnach auch 3 Tage an. Wenn es sich um einen Vorgang auf dem kritischen Pfad ist, so wirkt sich die Abweichung bis zum Projektende aus.

Vorgangsname	Dauer	Anfang	Ende	Geplanter Anfang	Geplantes Ende	Abw. Anf.	Abw. Ende	Ve
◢ **Test bei Kunden**	**9 Tage**	**Die 01.01.19**	**Fre 11.01.19**	**Die 01.01.19**	**Die 08.01.19**	**0 Tage**	**3 Tage**	
◢ **1 Systemtest**	**1 Tag**	**Die 01.01.19**	**Die 01.01.19**	**Die 01.01.19**	**Die 01.01.19**	**0 Tage**	**0 Tage**	
geplanter Vorgang bung aufbauen	1 Tag	Die 01.01.19	Die 01.01.19	Die 01.01.19	Die 01.01.19	0 Tage	0 Tage	
◢ **2 Testobjekt A**	**8 Tage**	**Mit 02.01.19**	**Fre 11.01.19**	**Mit 02.01.19**	**Die 08.01.19**	**0 Tage**	**3 Tage**	
2.4 Testausführung	1 Tag	Don 10.01.19	Don 10.01.19	Mon 07.01.19	Mon 07.01.19	3 Tage	3 Tage	
2.5 Testauswertung + Doku	1 Tag	Fre 11.01.19	Fre 11.01.19	Die 08.01.19	Die 08.01.19	3 Tage	3 Tage	
2.1 Testfallermittlung	1 Tag	Mit 02.01.19	Mit 02.01.19	Mit 02.01.19	Mit 02.01.19	0 Tage	0 Tage	
2.2 Testdatenerstellung	4 Tage	Don 03.01.19	Die 08.01.19	Don 03.01.19	Don 03.01.19	0 Tage	3 Tage	
2.3 Testvorbereitung	1 Tag	Mit 09.01.19	Mit 09.01.19	Fre 04.01.19	Fre 04.01.19	3 Tage	3 Tage	

10.1.3 PLAN- UND IST-WERTE GRAFISCH VERGLEICHEN

Natürlich ist es übersichtlicher und auch zur Präsentation besser, die Verschiebungen und damit die Auswirkungen grafisch darzustellen. Dafür gibt es eine bereits vorhandene Ansicht. Die Soll- und Ist-Werte werden in der Ansicht **„Gantt Diagramm: Überwachung"** grafisch aufbereitet dargestellt. Die oberen Balken zeigen den Soll-Plan, die unteren Balken den Ist-Wert an. Auch die Verschiebung der Meilensteine wird erkennbar.

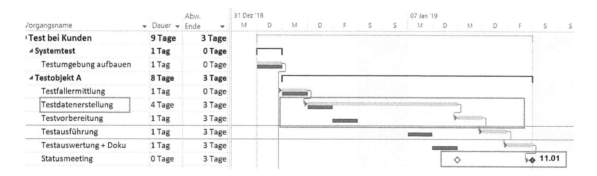

Bei diesem Beispiel ist zu erkennen, dass die Testdatenerstellung länger dauert als geplant und daher später enden wird. Dadurch bedingt werden die nächsten Vorgänge auch verspätet beginnen und verspätet enden, wie auch der Meilenstein.

NOTIZEN, ANMERKUNGEN:

10.1.4 BASISPLAN LÖSCHEN/KORRIGIEREN

Wenn die Soll-Werte zu früh gespeichert wurden und sich eine Planungsänderung ergeben hat, kann der Basisplan korrigiert bzw. gelöscht oder überschrieben werden.

Basisplan löschen

Über den Menüpunkt „**Projekt/Basisplan**" kann der/die Basispläne gelöscht werden.

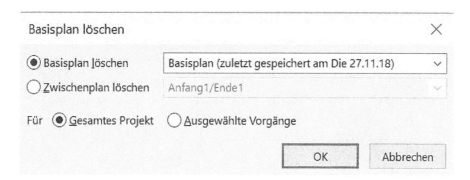

Basisplan ändern

Eine Änderung im eigentlichen Sinne kann nicht erfolgen, sind Änderungen in der Planung erfolgt, so werden die aktuellen Daten als neuer Basisplan **nach** vorheriger Bestätigung gespeichert.

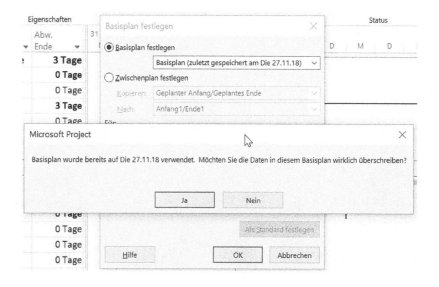

NOTIZEN, ANMERKUNGEN:

10.2 PROJEKTFORTSCHREIBUNG

Der Fortschritt in Microsoft Project wird über die geleistete Arbeit eingegeben, entweder in Stunden oder in Prozent. Dafür eignet sich die Ansicht „**Tabelle-Arbeit**".

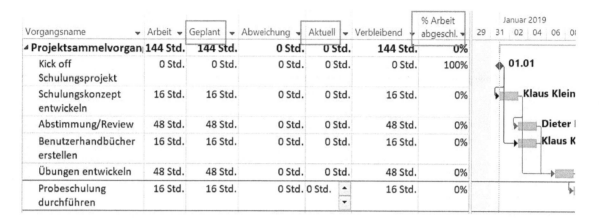

In der Spalte „**Aktuell**" werden die geleisteten Arbeitsstunden eingetragen oder alternativ der Fertigstellungsgrad in **%** in der Spalte „**% Arbeit abgeschl.**", Je nach Eintrag wird er Wert in der anderen Spalte in % oder Stunden umgerechnet.

Durch den gespeicherten Basisplan in der Spalte „**Geplant**" können Abweichungen direkt erkannt werden.

Die Eingabe von 8 Stunden in der Spalte „**Aktuell**" führt zu einer Fertigstellung des Vorgangs von 50 %. Gleichzeitig wird im Balkendiagramm eine schwarze Fortschrittslinie eingezeichnet, die den Fortschritt grafisch darstellt.

Im Sammelvorgang und Projektsammelvorgang wird die Fertigstellung bezogen auf das Arbeitsvolumen des ganzen Projektes bzw. des Sammelvorgangs umgerechnet.

NOTIZEN, ANMERKUNGEN:

Als neue Funktion in Project 2019 wird der Fertigstellungsgrad auch in der Zeitleiste abgebildet. Durch einen Haken wird die 100 % Fertigstellung ausgewiesen, bzw. durch eine farbliche Darstellung in dem Vorgang.

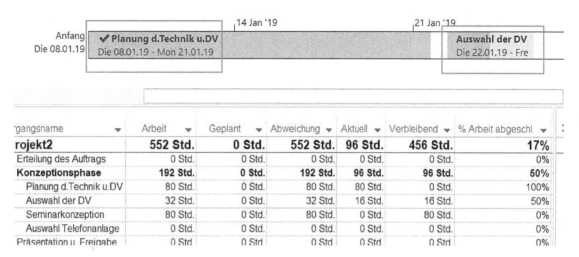

10.2.1 PROJEKT AKTUALISIEREN

Mit dieser Funktion werden ausgewählte oder alle Vorgänge bis zu einem Statusdatum automatisch auf 100 % Fertigstellung aktualisiert, wenn das Statusdatum erreicht ist. Bei dem Grad der Fertigstellung sind nur 0 % oder 100 % möglich.

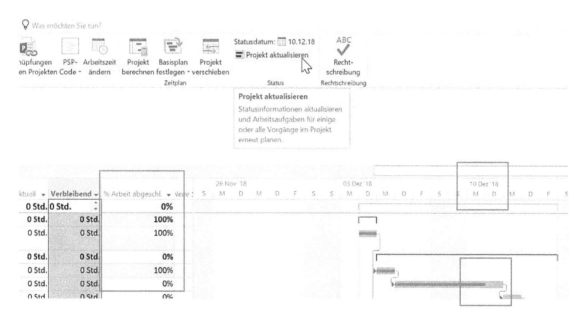

In diesem Beispiel wurde das Statusdatum auf den 10.12. festgelegt und alle Vorgänge werden bis dahin aktualisiert, aber erst bei 100 % Fertigstellung in der Spalte „**% Arbeit abgeschlossen**" eingetragen

NOTIZEN, ANMERKUNGEN:

10.3 ÜBERWACHUNGSINFORMATIONEN AUSWERTEN

Für die Überwachung des Projekts bieten sich die integrierten Berichte im Menü-punkt **„Bericht"** an. Hier steht eine große Auswahl von vordefinierten Berichten zur Verfügung, bezogen auf Vorgänge, Kosten, Arbeit u. v. m.

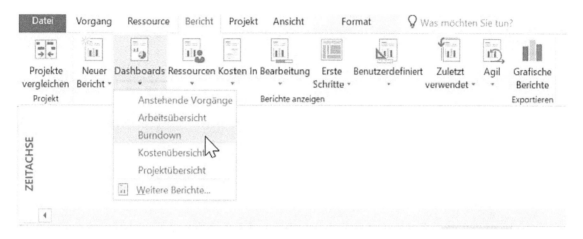

Ein Beispiel aus den möglichen Berichtsarten, ist die **„Projektübersicht"**, weitere Beschreibung über das Berichtswesen unter Kapitel 13.

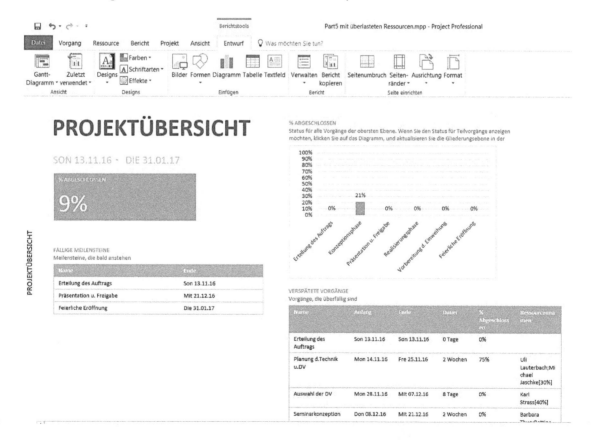

NOTIZEN, ANMERKUNGEN:

11 BENUTZERDEFINIERTE FELDER

Durch den Einsatz von benutzerdefinierten Feldern bietet Microsoft Project die Möglichkeit eigene Informationen in Feldern abzuspeichern und diese über Filter oder die Gruppierungsfunktion auszuwerten.

Benutzerdefinierte Felder eignen sich auch hervorragend um bestimmte Daten mittels Formeln projektspezifisch zu berechnen und aufzubereiten. Dafür stehen u. a. die Felder Text 1 - 30 und Zahl 1 – 20 zur Verfügung. Verschiedene Möglichkeiten zum Einsatz von benutzerdefinierten Feldern sind hier beispielhaft beschrieben.

11.1 NACHSCHLAGEFELDER

Es wird häufig erforderlich sein, pro Vorgang Zuordnungen, Verantwortlichkeiten, Kostenstellen, Artikelnr., Auftragsnr., etc. abzubilden, um mit diesen zusätzlichen Informationen eine Projektansicht zu filtern, zu gruppieren oder auszuwerten.

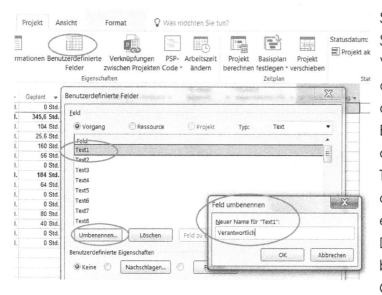

Sie wollen z. B. in einer Spalte anzeigen, ob der Vorgang von internen oder externen Stellen verantwortet wird. Durch das Einfügen eines benutzerdefinierten Felds (hier Text1) und umbenennen dieses Felds, haben Sie eine Eingabemöglichkeit. Die Qualität der Eingaben beeinflusst jedoch die Qualität der Auswertungen. Die Eingabe kann je nach Anwender unterschiedlich sein. Mögliche Eingaben könnten intern/extern sein, aber auch int./ext. könnten möglich sein oder auch nur i/e. Um die Eingaben einheitlich, bzw. auf bestimmte Werte einzuschränken, setzt man auf Nachschlagefelder, ähnlich wie auch in Excel, über den Menüpunkt **„Projekt"** das Symbol **„Benutzerdefinierte Felder"** auswählen. Das Feld Text1 auswählen und den Button umbenennen, anklicken. Hier einen sprechenden Namen eintragen, unter dem das Feld auch später zu finden ist. Mit „**ok**" wird das Feld unter dem neuen Namen gespeichert.

Notizen, Anmerkungen:

Danach den Button „**Nachschlagen**" anklicken. Hier können jetzt alle Werte die dann später zur Auswahl stehen sollen mit einem Hilfs/Informationstext eingegeben werden.

Alternativ können die Nachschlagewerte auch importiert (z. B. Excel) oder per past and copy eingefügt werden. Die Reihenfolge kann mit der Funktion „**Verschieben**" geändert werden.

Mit „**Schließen**" wird die Eingabe beendet und in der Maske „**Benutzerdefinierte Felder,**" wird mit „**ok**" bestätigt. Jetzt muss dieses Feld noch über „**Neue Spalte hinzufügen**" oder „**Spalte einfügen**" in die Tabelle integriert werden. Das Feld ist sowohl unter Text1 als auch dem neu vergebenen Namen zu finden.

Nun können in diesem Feld nur die angezeigten Werte ausgewählt werden und eine Datenintegrität ist damit sichergestellt.

	⧉	◢ Test bei Kunden	9 Tage	Die 04.12.18	Fre 14.12.18	70
✓	⧉	◢ 1 Systemtest	1 Tag	Die 04.12.18	Die 04.12.18	0
✓	⧉	1.1 Testumgebung aufbauen	1 Tag	Die 04.12.18	Die 04.12.18	Extern	0
	⧉	◢ 2 Testobjekt A	8 Tage	Mit 05.12.18	Fre 14.12.18	Intern Alle MA am Standort Köln
✓	⧉	2.1 Testfallermittlung	1 Tag	Mit 05.12.18	Mit 05.12.18	Extern Alle externen Dienstleister
	⧉	2.2 Testdatenerstellung	4 Tage	Don 06.12.18	Die 11.12.18	Intern 0

Notizen, Anmerkungen:

Diese Felder können jetzt für Filterfunktionen oder Gruppierungen verwendet werden. Eine ganz einfache Möglichkeit ist die Filterfunktion im Spaltenkopf, hier „**Verantwortlich**". Mit einem Mausklick auf das schwarze Dreieck öffnet sich die Filterfunktion.

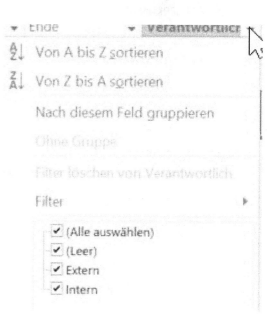

Ähnlich verhält es sich mit der Gruppierungsfunktion, hier wird das benutzerdefinierte Feld als Gruppenwechsel ausgewählt.

Bei Zahlenfeldern, wie Kosten oder Arbeit, wird je Gruppe eine eigene Summe gebildet. Die individuelle Gruppierung kann unter einem Namen gespeichert und im Menü „**Gruppieren nach**" mit angezeigt werden.

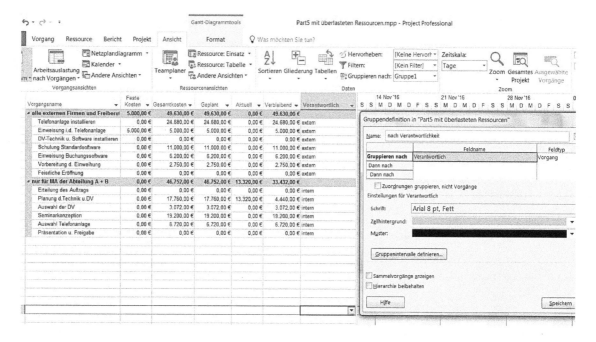

NOTIZEN, ANMERKUNGEN:

11.2 Automatische Meilensteinerinnerung

In der Projektplanung haben Meilensteine die Funktion auf wichtige Ereignisse hinzuweisen bzw. den Abschluss von einzelnen Projektphasen mit bestimmten Arbeitsergebnissen zu markieren. In jedem Vorgehensmodell gibt es phasenspezifische Meilensteine die durch projektspezifische Meilensteine ergänzt werden.

Umso wichtiger ist es frühzeitig an einen bevorstehenden Meilensteintermin erinnert zu werden. Bei großen Projektplänen mit Projektsammelvorgängen und vielen Unteraktivitäten fällt es schwer, den aktuellen Überblick aller Meilensteine zu erhalten. Mit Filter- oder Gruppierungsfunktionen können die Meilensteine zwar übersichtlicher angezeigt werden, aber Informationen über einen in Kürze anstehenden Termin sind so nicht einfach erkennbar.

Aus einem Kundenprojekt ist die nachfolgend beschriebene Lösung entstanden.

Zu den Meilensteinen lassen sich vordefinierte Erinnerungszeiträume einstellen, die auf die Meilensteine hinweisen, die „bald" fällig sind. Je nach Einstellung werden diese Informationen auch auf der Projekt- und Sammelvorgangsebene angezeigt, ohne dass der Projektplan alle Teilvorgänge anzeigt.

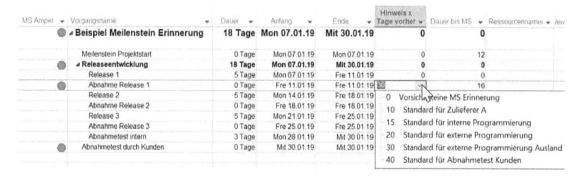

Die „Erinnerungsfrist" kann komfortabel aus einem drop-down Menü ausgewählt werden, Hinweise geben eine Information über die Bedeutung der Erinnerungszeit. Natürlich könnte man neben den klassischen Ampelfarben noch mehr Infos abbilden, das könnte aber eher zu unübersichtlich werden.

Im Beispiel habe ich noch die benutzerdefinierte Spalte **„Dauer bis MS"** eingefügt, die aber nur zu Kontrollzwecken für die Ampelfarbe eingeblendet ist.

Die Spalte **„Hinweis x Tage vorher"** kann auch bei Bedarf ausgeblendet werden (benötigt man nur für die Eingabe der Erinnerungszeit in Tagen), da die Ampelfunktion das Erreichen eines Termins anzeigt.

NOTIZEN, ANMERKUNGEN:

Für die Eingabe der Erinnerungszeit habe ich eine benutzerdefinierte Spalte ausgewählt und umbenannt und dann in der „**Nachschlagetabelle**" die verschiedenen Erinnerungszeiten mit Hinweistexten eingetragen.

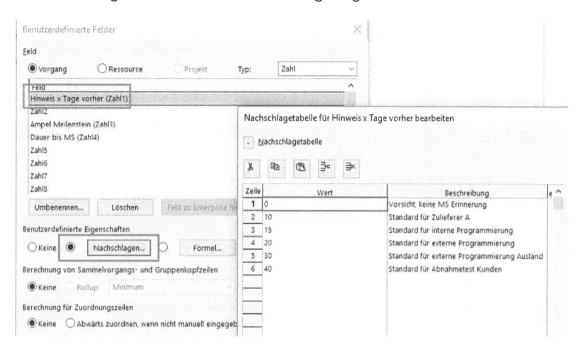

Die eigentliche Berechnung der Tage bis zur Erreichung der Erinnerungsfrist ist über folgende Formel (im Screenshot) in einem ebenfalls benutzerdefinierten Feld realisiert. Die „IIf" Abfrage prüft, ob der Vorgang das Attribut „Meilenstein" hat, ansonsten erhält das Feld den Wert „Null". Um Nachkommastellen bei der Dauer abzustellen habe ich die ganze Formel mit Round () runden lassen.

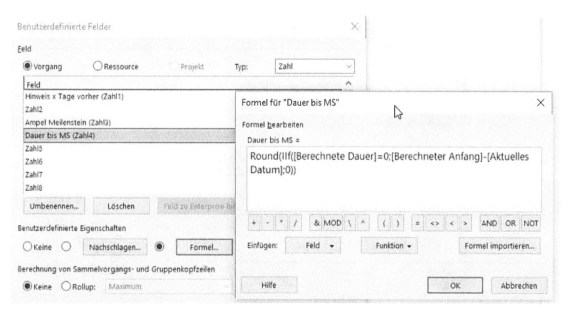

NOTIZEN, ANMERKUNGEN:

Die Realisierung der Ampelfunktion erfolgt mit Hilfe des Wertes aus dem benutzer-definierten Feld „**Hinweis x Tage vorher**"" wie folgt:

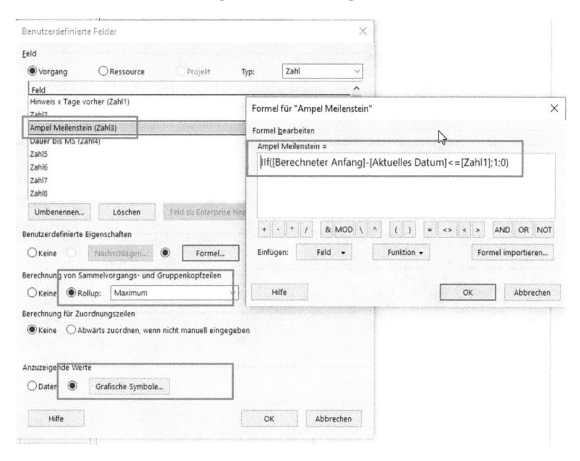

Die Formel ist identisch wie zur Anzeige „**Dauer bis MS**", jedoch wird bei „**Anzuzei-gende Werte**" die Funktion „**Grafische Symbole**" ausgewählt. Das Rollup bei den Sammelvorgangzeilen habe ich auf „**Maximum**" eingestellt und die Ampeldar-stellung auch für den Sammelvorgang und Projektsammelvorgang entsprechend eingestellt.

So wird der Hinweis auf einen bald fälligen Meilenstein auch auf der Ebene Sam-melvorgang und Projektsammelvorgang anzeigt, ohne dass alle Vorgangsebe-nen angezeigt werden.

NOTIZEN, ANMERKUNGEN:

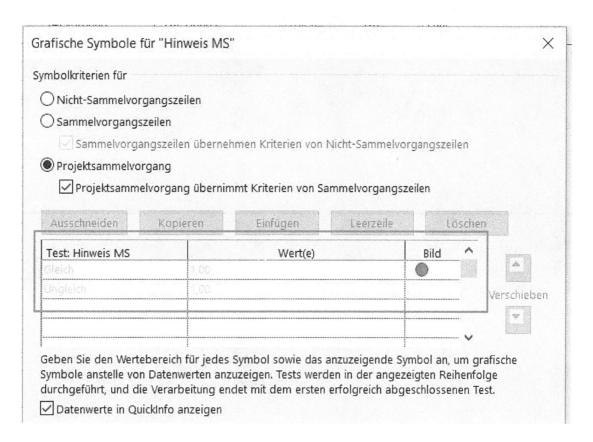

Wenn der Wert gleich 1 ist, schaltet die Ampel rot, bei ungleich 1 wird keine Ampelfarbe angezeigt (die Symbole können auch individuell anders ausgewählt werden).

Mit Filter- oder Gruppierungsfunktionen können über das selbstdefinierte Feld **„Dauer bis MS"** auch Ansichten mit Meilensteinen, die in einem bestimmten Zeitrahmen liegen, generiert werden.

Natürlich lässt sich diese Lösung auch im Bereich Multiprojektmanagement einsetzen, unter der Voraussetzung, dass alle Teilprojekte die gleichen benutzerdefinierten Felder enthalten.

11.3 Ampelfunktion

Die Möglichkeiten mit Ampelfunktionen verschiedenste Auswertungen hinsichtlich Budgetüberwachung, Aufwandsüberschreitungen, Zeitüberschreitungen u. ä. darzustellen sind als Beispiel in Kapitel 8.3 bereits beschrieben.

NOTIZEN, ANMERKUNGEN:

12 MULTIPROJEKTMANAGEMENT

Auch mit einer stand-alone von Microsoft Project ist es durchaus möglich ein Projektportfolio für den Überblick über mehrere Projekte zu erhalten. Dies kann für einzelne autarke Projekte erfolgen, als auch für große Projekte die in Teilprojekte aufgeteilt wurden und durch die jeweiligen Teilprojektleiter geplant werden.

Alle bisher beschriebenen Funktionen aus Microsoft Project lassen sich auch im Rahmen des Multiprojektmanagements benutzen, incl. benutzerdefinierter Felder, Formeln, Ampelfunktionen und Kostenübersichten.

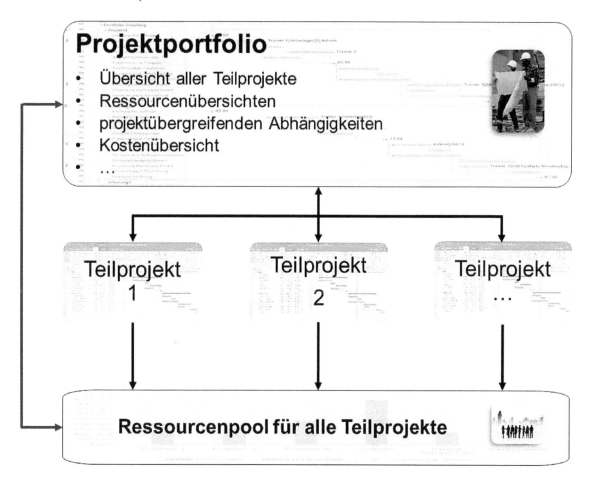

Für die Ressourcenplanung wird ein Ressourcenpool erstellt, indem alle verfügbaren Ressourcen für alle beteiligten Projekte eingestellt werden. Jedes „Teilprojekt" benutzt jetzt nur noch die im Ressourcenpool definierten Ressourcen. Damit kann im Projektportfolio eine übergreifende Übersicht aller Ressourcen bzgl. Verfügbarkeit, Arbeit pro Projekt, Kosten pro Projekt u. ä. dargestellt werden.

NOTIZEN, ANMERKUNGEN:

12.1 Unterprojekte/Teilprojekte

12.1.1 Überblick

Ein Projektportfolio (Übersicht aller Projekte/Teilprojekte) kann aus bereits bestehenden Microsoft Project Dateien erfolgen oder aus neu anzulegenden Projekten. Die Vorgehensweise ist identisch.

Über den Menüpunkt „**Projekt/Unterprojekt**" werden die gewünschten Projekte ausgewählt. Mit der STRG-Taste können mehrere Projekte gleichzeitig markiert und eingefügt werden.

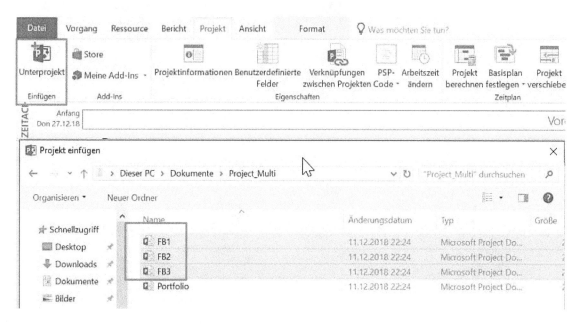

Die eingefügten Projekte/Teilprojekte werden wie Sammelvorgänge dargestellt, die jeweiligen Dateinamen werden als Projektüberschrift verwendet. Je nach Komplexität können die Detailvorgänge ein- oder ausgeblendet werden. Die Reihenfolge der eingefügten Projekte kann geändert werden indem das entsprechende Projekt mit der linken Maustaste an die gewünschte Position geschoben wird.

NOTIZEN, ANMERKUNGEN:

In diesem Beispiel wurden schon die Ressourcen aus dem Ressourcenpool zugeordnet und eine Überlastung über zwei Projekte ist zu erkennen. Die Ressource Peter Meier ist sowohl im Teilprojekt FB1 als auch im Teilprojekt FB 3 zur gleichen Zeit zugewiesen.

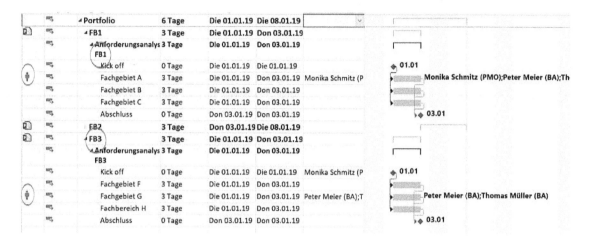

Ähnlich wie in einem einzelnen Projekt können hier auch projektübergreifende Vorgangsbeziehungen dargestellt werden. Der Meilenstein „Abstimmung" aus dem TP1/FB1 ist Vorgänger vom Vorgang „Kickoff" im TP2/FB2. In dem jeweiligen Projekt werden diese projektübergreifenden Vorgangsbeziehungen besonders formatiert und als externe Vorgänger/Nachfolger dargestellt.

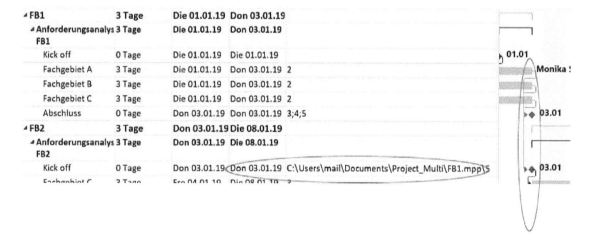

NOTIZEN, ANMERKUNGEN:

12.1.2 Ressourcenpool erstellen

Um einen vollständigen Überblick zu allen Ressourcen über alle Projekte zu erhalten, müssen die in den einzelnen Projekten geplanten Ressourcen vorher in einem Ressourcenpool erfasst werden.

Der Ressourcenpool wird in dem jeweiligen Hauptprojekt/Projektportfolio angelegt. Die Vorgehensweise entspricht der Ressourcenerfassung unter Kapitel 7 mit allen Möglichkeiten verschiedener Ressourcenarten. Hier ist die Spalte „Projekt" miteingefügt, um zu erkennen, dass die Ressourcen im Hauptprojekt/Portfolio erfasst sind.

❶	Ressourcenname	Art	Projekt	Materialbeschriftunc	Kürzel	Gruppe	Max. Einh.	Standardsatz	Üb
☥	Peter Meier (BA)	Arbeit	Portfolio		P		100%	120,00 €/Std.	
☥	Thomas Müller (BA)	Arbeit	Portfolio		T		100%	120,00 €/Std.	
	Monika Schmitz (PM	Arbeit	Portfolio		M		100%	120,00 €/Std.	

Bei der Planung der Ressourcen in den einzelnen Projekten muss jetzt jedoch vor der eigentlichen Ressourcenzuordnung die Verbindung mit dem Ressourcenpool über den Menüpunkt **„Ressourcen/Gemeinsame Ressourcennutzung"** erstellt werden. Dafür muss das Projekt, in dem der Ressourcenpool angelegt wurde, im Screenshot – Portfolio, geöffnet sein.

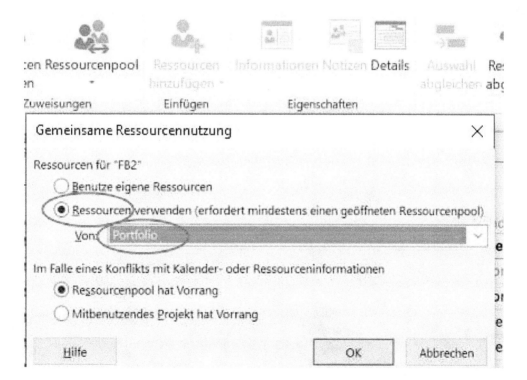

NOTIZEN, ANMERKUNGEN:

Danach werden die Ressourcen in der Tabelle des Projektes angezeigt, so als wären sie direkt im Projekt erfasst, bedingt durch die Verknüpfung mit dem Ressourcenpool. Durch die Spalte „**Projekt**" kann man sehen, dass die Ressourcen aber im Projektportfolio gespeichert sind. Die Ressourcenzuordnung in den einzelnen Teilprojekten erfolgt wie unter Kapitel 7.2.1 beschrieben.

❶	Ressourcenname ▾	Art ▾	Projekt ▾	Materialbeschriftung ▾	Kürzel ▾	Gruppe ▾	Max. ▾	Standardsatz ▾	Überstd.-Satz ▾
☺	Peter Meier (BA)	Arbeit	Portfolio		P		100%	120,00 €/Std.	0,00 €/Std.
☺	Thomas Müller (BA)	Arbeit	Portfolio		T		100%	120,00 €/Std.	0,00 €/Std.
	Monika Schmitz (PM	Arbeit	Portfolio		M		100%	120,00 €/Std.	0,00 €/Std.

Wichtig, beim „Speichern" des Projektes immer die Abfrage „**Ressourcenpool aktualisiere**n" mit „**Ja**" beantworten und Änderungen in **allen** Projekten aktualisieren.

NOTIZEN, ANMERKUNGEN:

12.2 Projektportfolio/Übersicht

Nachdem alle Unter/Teilprojekte im Hauptprojekt (hier Portfolio) integriert und die Ressourcen der einzelnen Projekte über den Ressourcenpool zugewiesen wurden, steht jetzt eine projektübergreifende Darstellung zur Verfügung.

Alle Tabellen und Ansichten aus der normalen Projektplanung können jetzt auch hier eingesetzt werden. Für die Darstellung von Gesamtsummen (Kosten, Arbeit) sollte die Funktion „**Projektsammelvorgang**" unter dem Menüpunkt „**Format**" eingeschaltet sein. Die einzelnen Projekte werden aufsummiert und über alle Projekte eine Gesamtsumme als Projektportfolio in der ersten Zeile gebildet.

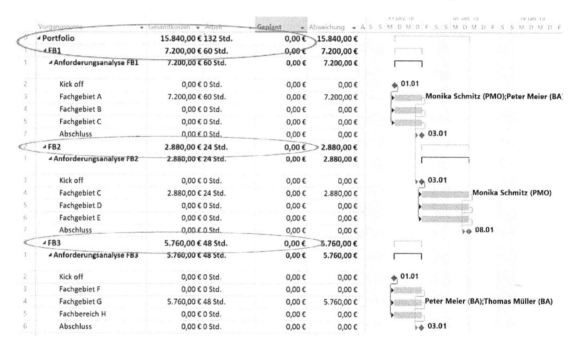

Über die Ansicht „**Ressource Einsatz**" ist der Einsatz der einzelnen Ressourcen pro Teil/Unterprojekt erkennbar. Mit Spalte einfügen „**Projekt**" wird auch der jeweilige Teilprojektname angezeigt.

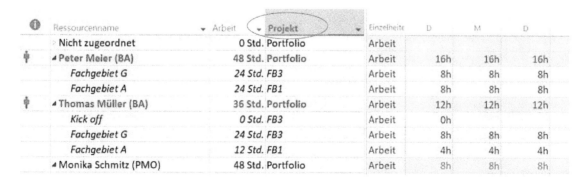

NOTIZEN, ANMERKUNGEN:

13 BERICHTE UND GRAFISCHE AUSWERTUNGEN

13.1 GRAFISCHE BERICHTE

Die grafischen Berichtsvorlagen werden in der Multifunktionsleiste „**Berichte**" angezeigt und sind in sechs Kategorien unterteilt. In den folgenden Abschnitten werden die grafischen Berichte der einzelnen Kategorien vorgestellt.

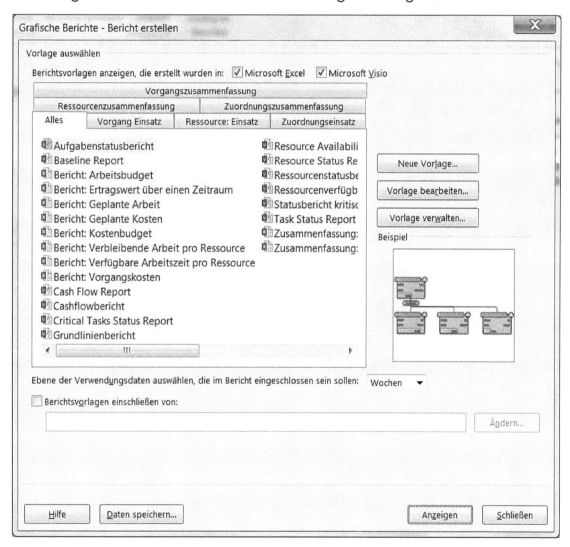

Damit alle Berichtsvorlagen auch genutzt werden können, müssen die Programme Microsoft Excel und Microsoft Visio Professional installiert sein!

NOTIZEN, ANMERKUNGEN:

13.2 Übersicht grafische Berichte

Wie am Anfang des Kapitels beschrieben, steht eine Reihe von grafischen Berichtsvorlagen zur Verfügung, die in den jeweiligen Anwendungsprogrammen noch modifiziert werden können.

13.2.1 Kategorie "Vorgang: Einsatz"

Name	Art	Beschreibung
Cashflowbericht	Excel	Mit diesem Bericht können Sie ein Balkendiagramm mit Werten für Kosten und kumulierte Kosten über einen bestimmten Zeitraum anzeigen.
Bericht zum Ertragswert über einen Zeitraum	Excel	Mit diesem Bericht können Sie ein Diagramm anzeigen, in dem die tatsächlichen Kosten der ausgeführten Arbeiten IK (Ist-Kosten), der geplante Wert (die veranschlagten Kosten der ausgeführten Arbeiten) sowie der Ertragswert (die veranschlagten Kosten der ausgeführten Arbeiten) über einen bestimmten Zeitraum dargestellt werden.

13.2.2 Kategorie "Ressource: Einsatz"

Name	Art	Beschreibung
Cashflowbericht	Visio	In diesem Bericht werden ursprünglich geplante Arbeit und Kosten mit geplanter Arbeit und geplanten Kosten verglichen. Mit Indikatoren wird angezeigt, wann die ursprünglich geplante Arbeit die geplante Arbeit übersteigt und wann die ursprünglich geplanten Kosten die geplanten Kosten übersteigen.
Bericht zur Ressourcenverfügbarkeit	Visio	Mit diesem Bericht können Sie ein Diagramm anzeigen, in dem die Arbeit und die Restverfügbarkeit der Ressourcen des Projekts dargestellt werden, gegliedert nach Ressourcenart (Arbeit, Material und Kosten). Neben den überlasteten Ressourcen wird ein rotes Kennzeichen angezeigt.

NOTIZEN, ANMERKUNGEN:

Bericht mit Zusammenfassung der Ressourcenkosten	Excel	Mit diesem Bericht können Sie ein Kreisdiagramm anzeigen, in dem die Aufteilung der Ressourcenkosten unter den drei Ressourcenarten **Kosten**, **Material** und **Arbeit** veranschaulicht wird.
Bericht zur Verfügbarkeit der Arbeit von Ressourcen	Excel	Mit diesem Bericht können Sie ein Balkendiagramm anzeigen, in dem die Gesamtkapazität, Arbeit und verbleibende Verfügbarkeit für Arbeitsressourcen über einen bestimmten Zeitraum veranschaulicht wird.
Bericht mit Zusammenfassung der Arbeit von Ressourcen	Excel	Mit diesem Bericht können Sie ein Balkendiagramm anzeigen, in dem die Gesamtkapazität der Ressourcen, die Arbeit, die verbleibende Verfügbarkeit sowie die tatsächliche Arbeit in Arbeitseinheiten veranschaulicht werden.

13.2.3 Kategorie "Zuordnungseinsatz"

Name	Art	Beschreibung
Bericht zu geplanten Kosten	Excel	Mit diesem Bericht können Sie ein Balkendiagramm anzeigen, in dem die geplanten Kosten, die ursprünglich geplanten Kosten und die tatsächlichen Kosten zu dem Projekt für mehrere Vorgänge veranschaulicht werden.
Basisbericht	Visio	Mit diesem Bericht können Sie ein Diagramm Ihres Projekts anzeigen, das nach Quartal und dann nach Vorgang aufgeschlüsselt ist. In diesem Bericht werden ursprünglich geplante Arbeit und Kosten mit geplanter Arbeit und geplanten Kosten verglichen. Mit Indikatoren wird angezeigt, wann die ursprünglich geplante Arbeit die geplante Arbeit übersteigt und wann die ursprünglich geplanten Kosten die geplanten Kosten übersteigen.

NOTIZEN, ANMERKUNGEN:

Bericht zur geplanten Arbeit	Excel	Mit diesem Bericht können Sie ein Balkendiagramm anzeigen, in dem die geplante Arbeit, die ursprünglich geplante Arbeit und die tatsächliche Arbeit zu dem Projekt für mehrere Vorgänge veranschaulicht werden.
Bericht zum Kostenbudget	Excel	Mit diesem Bericht können Sie ein Balkendiagramm anzeigen, in dem das Kostenbudget, die geplanten Kosten, die ursprünglich geplanten Kosten sowie die tatsächlichen Kosten über einen bestimmten Zeitraum veranschaulicht werden.
Bericht zum Arbeitsbudget	Excel	Mit diesem Bericht können Sie ein Balkendiagramm anzeigen, in dem das Arbeitsbudget, die geplante Arbeit, die ursprünglich geplante Arbeit sowie die tatsächliche Arbeit über einen bestimmten Zeitraum veranschaulicht werden.

13.2.4 Kategorien "Vorgangs-, "Ressourcen- Zuordnung

Kategorie	Art	Beschreibung
Vorgangszusammenfassung, Statusbericht zu kritischen Vorgängen	Visio	Mit diesem Bericht können Sie ein Diagramm anzeigen, in dem die Arbeit und die verbleibende Arbeit für kritische sowie nicht kritische Vorgänge veranschaulicht werden. Mit dem Datenbalken wird der prozentuale Anteil der abgeschlossenen Arbeit angegeben.
Vorgangszusammenfassung • Bericht zum Vorgangsstatus	Visio	Mit diesem Bericht können Sie ein Diagramm der Arbeit und des prozentualen Anteils der abgeschlossenen Arbeit für die Vorgänge in Ihrem Projekt anzeigen. Dabei wird mit Symbolen angegeben, wann die geplante Arbeit die Arbeit übersteigt, wann die geplante Arbeit der Arbeit entspricht und wann die Arbeit die geplante Arbeit übersteigt. Mit dem Datenbalken wird der prozentuale Anteil der abgeschlossenen Arbeit angegeben.

NOTIZEN, ANMERKUNGEN:

Ressourcen-zusammen-fassung • Bericht zur ver-bleiben-den Ar-beit für Ressour-cen	Excel	Mit diesem Bericht können Sie ein Balkendiagramm mit verbleibender Arbeit und tatsächlicher Arbeit für die einzelnen Arbeitsressourcen anzeigen. Diese Angaben erfolgen in Arbeitseinheiten.
Zuordnungs-zusammen-fassung • Bericht zum Res-sour-censtatus	Visio	Mit diesem Bericht können Sie ein Diagramm der Arbeit und der Kostenwerte für die einzelnen Ressourcen Ihres Projekts anzeigen. Der prozentuale Anteil der abgeschlossenen Arbeit wird durch die Schattierung in den einzelnen Feldern des Diagramms angezeigt. Die Schattierung wird dunkler, je näher der Abschluss der zugeordneten Arbeit für die Ressource rückt.

NOTIZEN, ANMERKUNGEN:

13.3 BERICHTE DIREKT AUS MICROSOFT PROJECT

Seit der Version 2013 besteht die Möglichkeit direkt aus Microsoft Project Berichte und Auswertungen über das aktuelle Projekt zu generieren. Neben vorgefertigten Auswertungen können auch individuelle Berichte erzeugt oder bestehende Berichte angepasst werden.

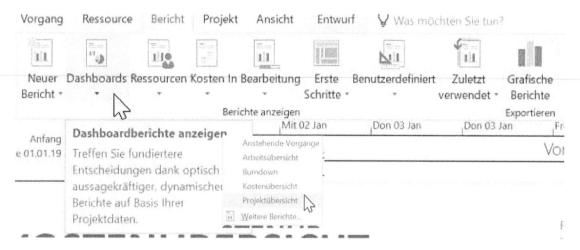

Hier als Beispiel für die möglichen Berichte, eine Kostenübersicht zu einem Projekt, wo bestimmte Vorgänge schon erledigt bzw. in Arbeit sind.

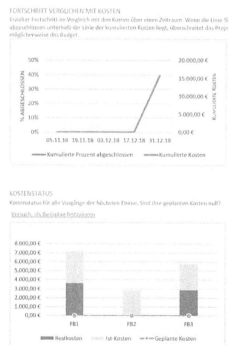

NOTIZEN, ANMERKUNGEN:

Folgende Standardberichte sind integriert und je nach Anforderung individuell anzupassen.

Berichte unter	Inhalt	Details zum Bericht
Dashboards	Anstehende Vorgänge	Alle Vorgänge der aktuellen Woche
	Arbeitsübersicht	Eine Übersicht über die gesamte geplante Arbeit im Projekt
	Burndown	Grafik über die noch abzuarbeitenden Vorgänge
	Kostenübersicht	Gesamtüberblick über die Projektkosten
	Projektübersicht	Überblick über den Fertigstellungsgrad sowie fällige Meilensteine und Verspätungen
Ressourcen	Ressourcen (Übersicht)	Im Projekt verplante Ressourcen und Stand der Arbeit
	Überlastete Ressourcen	Übersichtsbericht, welche Ressourcen überlastet sind
Kosten	Ertragswertbericht	Bericht zur Ertragswertanalyse
	Kostenüberschreitungen	Zeigt Kostenüberschreitungen im Vergleich zum Basisplan an
	Ressourcenkosten (Übersicht)	Übersicht über die Ressourcenkosten
	Vorgangskosten	Kumulierte Kosten pro Quartal und Vorgänge der ersten Ebene
	Vorgangskosten (Übersicht)	Kostenübersicht der Vorgänge erster Ebene und deren Status
In Bearbeitung	Kritische Vorgänge	Übersicht über kritische Vorgänge und deren Status
	Meilensteinbericht	Überblick über die Meilensteine im Projekt
	Verspätete Vorgänge	Eine Liste aller verspäteten Vorgänge
	Verzögerte Vorgänge	Eine Liste aller Vorgänge, die im Vergleich zum Basisplan verzögert sind

NOTIZEN, ANMERKUNGEN:

14 ANLAGEN

14.1 FUNKTIONSUMFANG DER PROJECT VERSIONEN

Die aktuelle Version Microsoft Project 2019 ist in verschiedenen „**Ausführungen**" erhältlich, die sich vom Funktionsumfang auch an der jeweiligen Firmenlizenz orientieren, unterschieden in cloudbasierte und lokale Lösungen:

Cloudbasierte Lösungen			
Funktionen (nicht vollständig!)	Project Online **Essentials**	Project Online **Professional**	Project Online **Premium**
	Zusammenarbeit zwischen Project-Teammitgliedern in der Cloud – per Webbrowser oder Mobilgerät	Projektmanagement in der Cloud über einen Desktop-Client und Webbrowser	Umfassende cloudbasierte Lösung für das Projekt- und Portfoliomanagement
Teammitglieder können den Vorgangsstatus aktualisieren, Dokumente teilen und sich über Projekte austauschen	✓	✓	✓
Erfassen Sie den projektbezogenen und sonstigen Aufwand für Gehaltsabrechnung, Rechnungsstellung und andere geschäftliche Zwecke in Arbeitszeittabellen	✓	✓	✓

NOTIZEN, ANMERKUNGEN:

Cloudbasierte Lösungen			
Funktionen (nicht vollständig!)	Project Online **Essentials**	Project Online **Professional**	Project Online **Premium**
Vollständig installierte, stets aktuelle Project-Desktopanwendung. Eine Lizenz gilt auf bis zu 5 PCs pro Benutzer	✓	✓	✓
Ressourcen projektübergreifend zuweisen		✓	✓
Speichern Sie Ihre Projekte in der Cloud, um einfach darauf zuzugreifen und nahtlos im Team zu arbeiten		✓	✓
Verwenden Sie sofort einsetzbare Portfolioberichte, um Einblicke in die Portfolio-Performance zu gewinnen			✓

NOTIZEN, ANMERKUNGEN:

Lokale Lösungen			
Funktionen (nicht vollständig!)	Project **Standard**	Project **Professional**	Project **Server**
	Lokale Projektmanagementlösung für Nutzer, die keine teamorientierten oder spezialisierten Funktionen benötigen	Eine umfassende Lösung für das lokale Projektmanagement	Eine flexible lokale Lösung für das Projekt- und Portfoliomanagement und die tägliche Arbeit
Vollständig installierte, stets aktuelle Project-Desktopanwendung	✓	✓	✓
Eine Lizenz gilt für 1 PC pro Benutzer – Projektzeitpläne und Kosten verwalten	✓	✓	✓
Skype for Business-Anwesenheitsstatus für die Teamarbeit (separat erhältlich)		✓	✓
Project Online und Project Server synchronisieren		✓	✓
Erfassen Sie den projektbezogenen und sonstigen Aufwand für Gehaltsabrechnung, Rechnungsstellung und andere geschäftliche Zwecke in Arbeitszeittabellen		✓	✓

NOTIZEN, ANMERKUNGEN:

Microsoft Project Standard ist ein Einzelplatz-Tool, das nicht für den abteilungs- und projektübergreifenden Einsatz gedacht ist. Es ermöglicht **keine** Anbindung an Microsoft Project Server/Project Online. Die Standard Version lässt sich NICHT updaten, von daher ist auch bei einem höheren Preis die Professional Version oder die Project Online Variante empfehlenswert, um bei Bedarf auch eine Microsoft Project Server Lösung bzw. den Datenaustausch über div. Microsoftservices zu ermöglichen.

Neben dem Vergleich auf den Vorseiten werden in den Project Online Versionen Funktionalitäten angeboten, die nur in den Onlineversionen verfügbar sind, wie z. B.: Agile Projektplanung mit Sprints, Darstellung als Kanban Board.

NOTIZEN, ANMERKUNGEN:

14.2 SHORTCUTS

Die grafische Benutzeroberfläche und die Ähnlichkeit mit den anderen Microsoft Office Programmen legt die Bedienung mit der Maus nahe. Es gibt aber eine Menge von Tastenkombinationen, die die tägliche Arbeit bei der Projektplanung mit Microsoft Project (alle Versionen) sehr vereinfachen können. Z . B. Bewegen in verschiedenen Ansichten, Erstellen von Vorgangsverknüpfungen und Einrückungen von Vorgängen für die Projektstrukturierung. Die wichtigsten habe ich nachfolgend in verschiedene Funktionsbereiche unterteilt beschrieben.

Tastenkombination	Funktionsbereich	Ergebnis:
Alt + pos1	Ansicht im Projekt	An den **Anfang des Projektes** im Balkendiagramm
Alt + ende	Ansicht im Projekt	An das **Ende des Projektes** im Balkendiagramm
F2	Bearbeitung in Tabelle	**Bearbeitung Zellinhalt** (Zeile muss markiert sein!)
Shift + Cursor runter	Bearbeitung in Tabelle	**Vorgänge markieren** (um Untervorgänge zu erzeugen)
Shift + Cursor hoch	Bearbeitung in Tabelle	**Markierung aufheben**
Strg + F2	Vorgangsbearbeitung	Markierte **Vorgänge verknüpfen**
Shift + F2	Ansicht im Projekt	Menü **Informationen zum Vorgang öffnen**

NOTIZEN, ANMERKUNGEN:

Tastenkombination	Funktionsbereich	Ergebnis:
Alt + F10	Ressourcen	Fenster **Ressource zuweisen** aufrufen
Shift+F3	Gruppieren, Sortieren	Alle aktiven **Gruppierungen** und **Sortierreihenfolgen löschen**
Alt	Oberfläche	Aktivierung **Menüband**
Strg + O	Oberfläche	Datei **öffnen**
Strg + N	Oberfläche	**Neues** Projekt
F12	Oberfläche	**Datei speichern** unter…
Strg + F6	Oberfläche	**Wechsel** zwischen den **geöffneten Projekten**
Strg + F1	Oberfläche	**Menüband reduzieren** (mehr Platz für Ansicht des Projektplans)

Notizen, Anmerkungen:

14.3 ZUSAMMENARBEIT MIT ANDEREN OFFICE-PROGRAMMEN

Grundsätzlich kann Microsoft Project mit allen anderen Microsoft Programmen Daten austauschen. Entweder per copy and paste oder ein Export über vordefinierte Schnittstellen.

Microsoft-Excel:

Hier kann die Microsoft Project Datei beim „**Speichern unter …**" als Excel-Arbeitsmappe gespeichert werden, es öffnet sich ein Export Assistent, der dann definierte Exportmöglichkeiten anzeigt.

Gerade bei Excel bieten sich dynamische Verknüpfungen an, da sich die geänderten Werte in der jeweils anderen Anwendung automatisch mit ändern.

Umgekehrt kann auch eine Excel Arbeitsmappe als Microsoft Project Datei geöffnet werden.

Microsoft-Powerpoint

Wie unter dem Kapitel „Zeitstrahl" beschrieben, kann der aus Microsoft Project kopierte Zeitstrahl in eine Powerpoint Folie kopiert und anschließend noch weiterbearbeitet werden.

Microsoft Outlook

Auch hier kann der „Zeitstrahl" aus Microsoft Project als Projektinformation an beliebige Email-Empfänger verschickt werden.

Mind Manager

Aus diesem Programm ist der Aufgabenexport nach Microsoft Project möglich.

Andere

Weiterhin gibt es eine Vielzahl von Programmen die Microsoft Project in bestimmten Funktionen unterstützen oder ergänzen, z. B. die grafische Erstellung von Projektstrukturplänen anhand der Microsoft Project Gliederungsfunktion, Erstellung einer Meilensteintrendanalyse (MTA), Feiertagskalender.

NOTIZEN, ANMERKUNGEN:

14.4 EARNED VALUE ANALYSE MIT MICROSOFT PROJECT

Die Earned Value Analyse (z. T. auch als Leistungswertanalyse, Fertigstellungswert-methode oder Arbeitswertanalyse bezeichnet) ist ein Werkzeug des Projektcon-trollings. Sie dient zur Fortschrittsbewertung von Projekten. Dabei wird die aktuelle Termin- und Kostensituation durch Kennzahlen beschrieben. Die Schlüsselwerte sind dabei Planwert (engl. planned value, **pv**), Istkosten (actual costs, **ac**) und Fertigstellungswert (earned value, **ev**). Durch die Verfolgung der Kennzahlen ist eine Trendanalyse möglich.

Auch mit Microsoft Project 2016 gibt es die Möglichkeit eine Earned Value Ana-lyse (EVA) durchzuführen. Die dazugehörigen Spalten/Feldnamen sind folgend aufgeführt.

Name / Titel	deutscher Spalten-name	Beschreibung	englischer Spalten-name
Soll- Kosten der be-rechneten Arbeit	SKBA	"Soll-Kosten der berechneten Arbeit" (SKBA) enthält die kumulierten geplanten Kosten nach Zeitphasen bis zum Statusdatum bzw. bis zum heutigen Datum.	BCWS
Soll- Kosten bereits abgeschlossener Ar-beit	SKAA	"Soll-Kosten bereits abgeschlossener Arbeit" (SKAA) enthält den kumulierten Prozentwert der abgeschlossenen Arbeit (des Vorgangs, der Ressource oder der Zuordnung), multi-pliziert mit den Soll-Kosten nach Zeitphasen. SKAA wird bis zum Statusdatum oder bis zum heutigen Datum berechnet.	BCWP
Ist- Kosten bereits abgeschlossener Ar-beit	IKAA	"Ist-kosten bereits abgeschlossener Arbeit" (IKAA) enthalten die für Arbeit entstande-nen Kosten bis zum Statusdatum des Pro-jekts oder bis zum heutigen Datum.	ACWP
Planabweichung	PA	„Planabweichung" (PA) zeigt die Kostendif-ferenz zwischen dem aktuellen Stand der Fertigstellung und dem Basisplan eines Vor-gangs, aller der Ressource zugeordneten Vorgänge oder einer Zuordnung bis zum Statusdatum bzw. dem heutigen Datum. PA = SKAA - SKBA	SV
Planabweichung %	PAP	„Planabweichung Prozent" (PAP) zeigt das Verhältnis zwischen Planabweichung (PA) und den Sollkosten der berechneten Arbeit (SKBA) an, ausgedrückt als Prozentsatz. PAP = (PA / SKBA) *100	SV%

Notizen, Anmerkungen:

Kostenabweichung	KA	„Abweichung Kosten" (KA) zeigt die Abweichung zwischen den geplanten Kosten und den aktuellen Kosten bis zum erreichten Stand der Fertigstellung am Statusdatum oder dem heutigen Datum. KA = SKAA - IKAA	CV
Kostenabweichung %	KAP	„Kostenabweichung Prozent" (KAP) enthält das Verhältnis der Kostenabweichung (KA) zu den Sollkosten der bereits abgerechneten Arbeit (SKAA), ausgedrückt als Prozentwert. Dies zeigt die Abweichung zwischen den geplanten Kosten und den aktuellen Kosten bis zum erreichten Stand der Fertigstellung am Statusdatum oder dem heutigen Datum. KAP = [(SKAA - IKAA) / SKAA] * 100	CV%
Berechnete Kosten	BK	„Berechnete Kosten" (BK) enthält die erwarteten Gesamtkosten eines Vorgangs, basierend auf der Leistung bis zum Statusdatum. BK = IKAA + (geplante Kosten X - SKAA) / KLI	EAC
Plankosten	PK	Die gesamten geplanten Kosten für einen Vorgang, eine Ressource für alle zugeordneten Vorgänge oder für die von einer Ressource in einem Vorgang zu leistende Arbeit. Dies ist gleich dem Inhalt des Feldes "Kosten" beim Speichern des Basisplans.	BAC
Abweichung nach Abschluss	ANA	„Abweichung nach Abschluss" (ANA) zeigt die Differenz zwischen PK (Plankosten) oder geplante Kosten und BK (Berechnete Kosten) für einen Vorgang, eine Ressource oder eine Zuordnung zu einem Vorgang. ANA = PK - BK	VAC
Kostenleistungsindex	KLI	„Kostenleistungsindex" (KLI) ist das Verhältnis der Soll-Kosten bereits abgeschlossener Arbeit (SKAA) zu den Ist-Kosten der bereits abgeschlossenen Arbeit (IKAA) bis zum Datum des Projektstatus oder dem heutigen Datum. KLI = SKAA / IKAA	CPI
Planleistungsindex	PLI	„Planleistungsindex" (PLI) zeigt das Verhältnis der Sollkosten bereits abgeschlossener Arbeit zu den Sollkosten der berechneten Arbeit. PLI = SKAA / SKBA	SPI
Abschlussleistungsindex	ALI	„Abschlussleistungsindex" (ALI) zeigt das Verhältnis der verbleibenden abzuschließenden noch auszugebenden finanziellen Mitteln zum Zeitpunkt des Statusdatum an. ALI = (PK - SKAA) / (PK - IKAA)	TCPI

NOTIZEN, ANMERKUNGEN:

14.5 Vollständige Liste aller verfügbaren Felder in Microsoft Project

Unter dieser Referenz hat Microsoft alle Datenfelder von Microsoft Project aufgelistet und detailliert beschrieben. Der aktuelle Stand spiegelt allerdings nur die Version Microsoft Project 2013 dar.

https://tinyurl.com/y9225hsx

14.6 Grundeinstellungen

Terminpläne müssen übersichtlich sein und einheitlich aussehen, um sie zusammenführen, analysieren und vergleichen zu können. Deshalb sind für die Gestaltung in Microsoft Project Standards und Regeln notwendig. Nur so finden sich auch unerfahrene Projektleiter schnell zurecht und können selbst brauchbare Pläne erstellen.

14.6.1 Standards bei der Namensgebung

- Sammelvorgang als Substantiv darstellen (Beispiel: "Spezifikation")
- Meilenstein als Substantiv + Adjektiv darstellen (Beispiel: "Spezifikation fertig")
- Vorgang als Substantiv + Verb darstellen (Beispiel: "Spezifikation erstellen")
- Standards für Sammelvorgänge

Sammelvorgänge erzeugt man, um den Plan in überschaubare, auswertbare Einheiten zu gliedern. Untergeordnete Aktivitäten können ein- oder ausgeblendet und deren Daten summiert werden.

- Lassen Sie in der ersten Ebene nur Sammelvorgänge zu.
- Geben Sie die Sammelvorgänge der ersten Ebene fest vor.
- Beschränken Sie sich auf wenige Gliederungsebenen, am besten maximal vier.
- Setzen Sie Ober- und Untergrenzen für die Zahl der Vorgänge pro Sammelvorgang – zum Beispiel mindestens drei und zwanzig höchstens.
- Vermeiden Sie Verknüpfungen an Sammelvorgängen.

NOTIZEN, ANMERKUNGEN:

14.6.2 STANDARDS FÜR MEILENSTEINE

Meilensteine dienen dazu, bestimmte Zustände oder Zeitpunkte des Projekts zu kennzeichnen und ermöglichen die Projektfortschrittskontrolle. Sie lassen sich in Kategorien einteilen, die durch Standards bei der Namensgebung und mit Hilfe von benutzerdefinierten Feldern auch im Balkenplan unterscheid- und filterbar werden.

- Definieren Sie für jedes vereinbarte Ergebnis einen entsprechenden Meilenstein.
- Unterscheiden Sie Ergebnis-, Status-, Zahlungs- und Übergabemeilensteine. Stellen Sie deren Namen den Anfangsbuchstaben der jeweiligen Meilensteinkategorie voran (E, S, Z, Ü, ...).
- Tragen Sie die Verantwortlichen in das Feld "Kontaktperson" ein
- Setzen Sie Termineinschränkungen möglichst nur an Meilensteine.
- Enthält das Projekt mehrere Teilprojekte, dann erstellen Sie für die zentralen Termine ein eigenes Meilensteinprojekt mit externen Verknüpfungen zu den Teilprojekten. Das ist sinnvoller, als die Meilensteine in jedem Teilprojekt in Kopie darzustellen. Terminverschiebungen brauchen Sie so nur einmal in den zentralen Meilensteinplan einzupflegen, nicht einzeln in jedes Teilprojekt.
- Ist der Projektplan genehmigt, speichern Sie die erste Version der Ergebnismeilensteine als Basisplan ab. Verändern Sie diesen nicht mehr. So können Sie später aussagekräftige Statusberichte mit Bezug zur ursprünglichen Planung erstellen.

14.6.3 STANDARDS FÜR VORGÄNGE

Als Maximum der Standardisierung können Sie für wiederholbare Projekte Tätigkeitskataloge erstellen, die alle zugelassenen Vorgangsbeschreibungen enthalten. Dies ist zwar zunächst sehr aufwändig, vereinheitlicht aber den Umgang mit Vorgängen. Unabhängig davon empfehle ich:

- Stellen Sie möglichst nur eine Ressource pro Vorgang dar.
- Die Dauer sollte je nach Projekt z. B. min. 0,5 Tage und max. 4 Wochen betragen.
- Packen Sie Detailinformationen in Textfelder und Notizen anstatt in zu lange Vorgangsnamen.
- Vermeiden Sie Termineinschränkungen an Vorgängen.

NOTIZEN, ANMERKUNGEN:

14.7 BUCHEMPFEHLUNGEN

Hier eine Liste von Büchern, die ich als Autor sehr spannend und lehrreich zum Thema Projektmanagement empfunden habe.

Gebundene Ausgabe: 264 Seiten

Verlag: Carl Hanser Verlag GmbH & Co. KG (8. November 2007)

Sprache: Deutsch

ISBN-10: 34464143983

ISBN-13: 978-3446414396

Tom DeMarco beschreibt in seinem Roman über Projektmanagement lebhaft und anschaulich die Prinzipien und Absurditäten, die die Produktivität eines Software-Entwicklungsteams beeinflussen.

Mr. Tompkins, ein von einem Telekommunikationsriesen soeben entlassener Manager, hat die Aufgabe, sechs Softwareprodukte zu entwickeln. Dazu teilt Tompkins die ihm zur Verfügung stehende gigantische Entwicklungsmannschaft in achtzehn Teams auf - drei für jedes Produkt. Die Teams sind unterschiedlich groß und setzen verschiedene Methoden ein. Sie befinden sich im Wettlauf miteinander und haben einen gnadenlos engen Terminplan.

Mit seinen Teams und der Hilfe zahlreicher Berater, die ihn unterstützen, stellt Mr. Tompkins die Managementmethoden auf den Prüfstand, die er im Laufe seines langen Managerlebens kennen gelernt hat. Jedes Kapitel endet mit einem Tagebucheintrag, der seine verblüffenden Erkenntnisse zusammenfasst.

Auch alle weiteren Bücher von Tom DeMarco sind eine Fundgrube zu den div. Themen des Projektmanagements.

Taschenbuch: 352 Seiten

Verlag: O'Reilly; Auflage: 1
(8. September 2015)

Sprache: Deutsch

ISBN-10: 395875175X

ISBN-13: 978-3958751750

Bill ist IT-Manager bei Parts Unlimited. An einem Dienstagmorgen erhält er auf der Fahrt zur Arbeit einen Anruf seines CEO. Die neue IT-Initiative der Firma mit dem Codenamen Projekt Phoenix ist entscheidend für die Zukunft von Parts Unlimited, aber das Projekt hat Budget und Zeitplan massiv überzogen. Der CEO will, dass Bill direkt an ihn berichtet und das ganze Chaos in neunzig Tagen aufräumt, denn sonst wird Bills gesamte Abteilung outgesourct.

Mit der Hilfe eines Vorstandsmitglieds und dessen mysteriöser Philosophie der Drei Wege wird Bill klar, dass IT-Arbeit mehr mit dem Fertigungsbereich in einer Fabrik zu tun hat als er sich je vorstellen konnte. Die Zeit drängt: Bill muss dafür sorgen, dass der Arbeitsfluss auch zwischen den Abteilungen deutlich besser läuft und das Business-Funktionalität zuverlässig bereitgestellt wird.

Drei Koryphäen der DevOps-Bewegung liefern hier die rasante und unterhaltsame Story, in der sich jeder, der im IT-Bereich arbeitet, wiederfinden wird.

Sie erfahren nicht nur, wie Sie Ihre eigene IT-Organisation verbessern können - nach der Lektüre dieses Buchs werden Sie IT auch nie wieder so sehen wie zuvor.

Gebundene Ausgabe: 256 Seiten

Verlag: Campus Verlag; Auflage: 1 (19. August 2002)

Sprache: Deutsch

ISBN-10: 3593370913

ISBN-13: 978-3593370910

Rick Silver unterrichtet einen Kurs zum Projektmanagement. Hier trifft er auf ein Manager-Team, das den Auftrag hat, die Produktentwicklungszeiten wesentlich zu verkürzen. In einem schwierigen und spannenden Prozess entwickeln sie gemeinsam die Projektmanagement-Methode der Kritischen Kette, die im Vergleich mit herkömmlichen Methoden ein deutlich effizienteres Projektmanagement erlaubt.

Mit ihr lassen sich Projekte besser planen und früher fertig stellen, da Unterbrechungen weitestgehend ausgeschlossen werden. Durch ständige Kontrolle während des Projekts kann auch auf unerwartete Engpässe reagiert werden. Das Team wird sich damit am Ende einen entscheidenden Konkurrenzvorteil erarbeitet haben. Aber auch für alle anderen Projektmanager der Welt ist die Kritische Kette der Schlüssel zum Erfolg.

Weitere Bücher vom Autor:

Taschenbuch: 110 Seiten

Verlag: Createspace, 1. Auflage

Sprache: Deutsch

ISBN-13: 978-1539948438

Dieses Handbuch enthält auf 100 Seiten eine Beschreibung der wichtigsten Funktionen von MS-Project 2016. Die Unterlage ist zum Selbststudium geeignet, wie auch als Schulungsunterlage für Schulungsanbieter und Trainer. Alle Schritte zu einer Projektplanung unter MS-Project werden ausführlich beschrieben und mit aussagekräftigen Screenshots hinterlegt.

Die Inhalte: - Überblick Programmstruktur - Anlegen eines neuen Projektes - Vorgangsplanung, manuelle Planung, automatische Planung - Tabellen - Ressourcenplanung, Teamplaner, Kapazitätsabgleich - Kostenmanagement, Kostenarten, Budgetverfolgung - Projektcontrolling, Basisplan, Soll-Ist Vergleich - Projektfortschreibung - Benutzerdefinierte Felder (mit Formeln und Ampelfunktionen) - Multiprojektmanagement, Teilprojekte, Ressourcenpool, Projektportfolio - Berichte und grafische Auswertungen - Anlage mit Übersicht aller MS-Project Felder, Earned Value Analyse ... u.v.m.

Taschenbuch: 110 Seiten

Verlag: Createspace, 1. Auflage

Sprache: Englisch

ISBN-10: 1548138010

ISBN-13: 978-1548138011

After the successful publication of my book about the basics of Microsoft Project 2016 in Germany (ranked among the top 50 of specialist books about project management), the English version is now available.

This manual contains a description of the key functions of MS Project 2016 on 110 pages. The document is particularly suitable for self-study and also as training material for training providers and trainers. It describes all necessary steps of project scheduling with MS Project in detail and supports them with meaningful screenshots.

The content: Overview of program structure | setting up a new project | task scheduling, manual scheduling/automatic scheduling | tables | resource scheduling, team planner, resource leveling | cost management, cost types, budget tracking | project controlling, baseline, target/actual-comparison | project continuation | custom fields (including formulas and traffic light functions) | multi-project management, subprojects, resource pool, project portfolio | reports and visual evaluations | creation of a project with an overview of all MS Project fields, earned value analysis | shortcuts etc.

Taschenbuch: 220 Seiten

Verlag: Createspace, Auflage: 1 (Januar 2019)

Sprache: Deutsch

ISBN-13: 978-1727117424

Dieses Buch basiert auf meiner jahrelangen, internationalen Erfahrung als akkreditierter Trainer für die ISTQB® Zertifizierungen Certified Tester Foundation Level und Avdanced Level Testmanager mit mehr als insgesamt 2000 Teilnehmern und einer durchschnittlichen Bestehensquote von über 95 %.

Es handelt sich hierbei um <u>KEINE</u> offizielle Trainingsunterlage nach ISTQB® Zertifizierungsstandard, sondern um eine kompakte Zusammenstellung aller Themen, die gem. aktuellem Syllabus (Version 2018!) zur Zertifizierung zum ISTQB® Certified Tester Foundation Level gehören.

Zusätzlich habe ich einige weiterführende Themen mit aufgenommen, die eigentlich zum Themengebiet des Testmanagements gehören, aber grundsätzlich wichtige und interessante Aspekte rund um das Testen beschreiben.

Somit ist diese Unterlage vielfältig zu verwenden, als Informationsquelle über alle nach ISTQB® Standard relevanten Testbegrifflichkeiten, -verfahren und Methoden, als (zusätzliche) Vorbereitung zur Zertifizierungsprüfung und für Trainingsunternehmen als begleitende Schulungsunterlage.

15 INDEX

www.oberboersch.com

© K. Oberbörsch

Autor:

KLAUS OBERBÖRSCH, Jahrgang 1955

Seit über 30 Jahren IT-Erfahrung in div. Branchen, insgesamt mehr 45 Jahre Berufserfahrung. Einführung von MS-Project Server, u. a. bei SAP, FinanzIT. Seit 25 Jahren Trainer für Microsoft Project.

Zertifizierungen im Bereich Projektmanagement: GPM-IPMA – Projektmanagementfachmann, Prince2, ASQF Certified Professional for Project Management

Zertifizierungen im Bereich IT, Softwareengineering und Testen: ISTQB Certified Tester Foundation Level, ISTQB Advanced Level Testmanager, Fachkaufmann für DV-Organisation und Datenkommunikation (IHK), Versicherungskaufmann (IHK)

Aktuell als akkreditierter Senior Executive Trainer mit der Durchführung von Zertifizierungslehrgängen ISTQB Certified Tester Foundation Level, ISTQB Advanced Level Testmanager und ASQF Project Management mit überdurchschnittlichen Bestehensquoten europaweit tätig.

Beachten Sie auch mein anderes Buchprojekt, „Softwaretesten nach ISTQB© Standard (Lehrplan 2018)". Ebenfalls bei Amazon oder direkt beim Autor erhältlich.

Danke an meine Frau Karin, die das Buch kritisch überarbeitet; viele Hinweise auf verständlichere Formulierungen und mir viel Freiraum für die Ausarbeitung gelassen hat.

Antoine de Saint-Exupéry:

„Wenn Du ein Schiff bauen willst, so trommle nicht Männer zusammen, um Holz zu beschaffen, Werkzeuge vorzubereiten, Aufgaben zu vergeben und die Arbeit einzuteilen, sondern lehre die Männer die Sehnsucht nach dem weiten, endlosen Meer"

www.ingramcontent.com/pod-product-compliance
Lightning Source LLC
Chambersburg PA
CBHW080629060326
40690CB00021B/4861